Julius Graf von Mirbach-Sorquitten, Peter Franz Reichensperger, Adolf Mayer

**Der Fortfall des Identitätsnachweises beim Getreideexport**

Julius Graf von Mirbach-Sorquitten, Peter Franz Reichensperger, Adolf Mayer

**Der Fortfall des Identitätsnachweises beim Getreideexport**

ISBN/EAN: 9783743612051

Hergestellt in Europa, USA, Kanada, Australien, Japan

Cover: Foto ©berggeist007 / pixelio.de

Manufactured and distributed by brebook publishing software (www.brebook.com)

Julius Graf von Mirbach-Sorquitten, Peter Franz Reichensperger, Adolf Mayer

**Der Fortfall des Identitätsnachweises beim Getreideexport**

# Der Fortfall des Identitätsnachweises beim Getreideexport.

Von

## Graf von Mirbach-Sorquitten,
Mitglied des Reichstags.

Einzelabdruck aus dem „Deutschen Wochenblatt."

Berlin 1888.
Verlag von Walther & Apolant.

Die Frage des Fortfalls des Identitätsnachweises ist weder neu noch so schwierig wie dies von den Gegnern dieser Maßnahme meist behauptet wird. — Sie mußte in dem Augenblick akut werden, wo weitere Zollerhöhungen in sicherer Aussicht standen, da Zölle von erheblicher Höhe für das heimische Getreide eine vollständige Verschiebung der Absatzwege und der entsprechenden Handelsbewegungen zur Folge haben. Sie tangirt daher nicht blos die Landwirthschaft des äußersten deutschen Ostens, vielmehr ebenso die sämmtlichen norddeutschen Küstengebiete, sowie endlich die gesammten deutschen Grenzdistrikte.

Für den Getreidehandel, und zwar für den Handel mit effektiver Waare ist diese Frage von einschneidendster Bedeutung.

Bereits im Jahre 1879, bei der Berathung des ersten Getreide-Zolltarifs, wurden von agrarischer und nicht agrarischer Seite im Reichstage, die Frage angeregt, ob es nicht im Interesse des Handels und der Landwirthschaft liege, bei der Ausfuhr und der entsprechenden Zollvergütung von dem Nachweise der Identität des ausgeführten Getreides mit dem eingeführten abzusehen. Die damalige Anregung fand nicht die genügende Unterstützung, zumal in maßgebenden Regierungskreisen durchaus keine Neigung vorhanden war, auf die Sache einzugehn.

Bei den für den Export arbeitenden Mühlen erwies sich jedoch die strikte Durchführbarkeit des Identitätsnachweises bald als unmöglich, weil dieselben Mehl aus einem Gemisch von überwiegend ausländischem und etwas inländischem Getreide herstellen müssen. Es ist diesen Mühlen daher durch Reichsgesetz die Erleichterung zutheil geworden, daß ihnen der Eingangszoll von Getreide für eine dieser Einfuhr entsprechendenden Menge Mehl, das sie ausführen, nachgelassen wird. Das Ausbeuteverhältniß des Mehls bestimmt der Bundesrath.

Wenn nun das angenommene Ausbeuteverhältniß von Mehl genau der Wirklichkeit entspräche, so wäre nach dieser Richtung eine direkte finanzielle Begünstigung der Exportmühlen ausgeschlossen. Von verschiedenen Seiten wird aber darauf hingewiesen, daß die wirkliche Ausbeute eine viel höhere ist und daß in Höhe der Differenz zwischen der Schätzung des Bundesraths und der wirklichen Ausbeute eine zollfreie Einfuhr von ausländischem Getreide thatsächlich stattfindet.

Eine weitere besondere Vergünstigung genießen aber die Exportmühlen dadurch, daß sie gemischte zollfreie Transitläger haben. Diese sichern ihnen einen sehr langen Zollkredit. Sie können, da das heimische Getreide nur gegen baar gekauft werden kann, das ausländische Getreide billiger kaufen als das inländische — wegen der Zinsersparniß für denjenigen Betrag, um welchen das inländische Getreide höher im Preise steht als das ausländische unverzollte.

Auch nach dieser Richtung sind sie wie alle Inhaber gemischter Transitläger in der Lage, einen Preisdruck auf das inländische Getreide zu üben und zwar natürlich um so wirksamer je höher der Eingangszoll ist.

Die Bestrebungen, den Fortfall des Identitätsnach=

weises zu verallgemeinern, führten zu folgenden gesetzgeberischen Vorschlägen: Zunächst zu dem Antrage Freiherr von Heeremann (Centrum), Hoffmann (nationalliberal), Rickert (freisinnig), wonach nur den gemischten Transitlägern die Vergünstigung gewährt werden sollte, von dem Nachweise der Identität des auszuführenden mit dem eingeführten Getreide abzusehen. Diesem Antrage wurde mit Recht vielseitiger Widerstand entgegengestellt, weil damit ein Getreidehandels-Monopol für diejenigen Ostseeplätze eingeführt werden würde, die gleichzeitig importiren und exportiren können.

Aus den Berathungen des Ausschusses der Vereinigung der Steuer- und Wirthschafts-Reformer ging derjenige Antrag hervor, welcher im Juni vorigen Jahres unter dem Namen „Antrag Graf Stolberg und Genossen" im Reichstage eingebracht wurde aber nicht mehr zur Berathung gelangte.

Dieser Antrag verlangte neben thunlichster Beschränkung der gemischten Transitläger die Baarzahlung des Getreidezolles bei der Einfuhr, sowie eine dem Zollsatze entsprechende baare Vergütung bei der Ausfuhr von jeglichem Getreide.

Derselbe fand in der laufenden Session bei der Mehrheit der beiden konservativen Parteien im Reichstage Anklang. Eine Verständigung auf der Basis dieses Antrages, die eine Mehrheit des Reichstages für denselben in Aussicht stellte, scheiterte jedoch an der von vornherein entschieden ablehnenden Haltung der Centrumsfraktion.

Seitens einer größeren Anzahl von Konservativen und Nationalliberalen wurde im Dezember vorigen Jahres der Versuch gemacht, die Frage des Fortfalls des Identitätsnachweises gleichzeitig mit der Erhöhung der Getreidezölle zu lösen.

Dem von maßgebender Stelle sehr bestimmt ausgesprochenem Wunsche hiervon abzustehen, weil darin eine Gefährdung der Zolltarifvorlage liegen könne, wurde, wie nicht anders zu erwarten war, von konservativer Seite nachgegeben, und blieben die hierauf gerichteten Bestrebungen einzelner nationalliberaler Mitglieder der Getreidezoll-Commission bekanntlich erfolglos.

Die ablehnende Haltung der Mitglieder der Centrumsfraktion selbst gegenüber dem Antrage Graf Stolberg und Genossen führte zu dem Compromißvorschlage dem Antrage „Ampach und Genossen", welcher in der Commission des Reichstages mit 15 gegen 11 Stimmen Annahme fand. Das Plenum des Reichstages beschloß in der Sitzung vom 5. März mit 178 gegen 101 Stimmen die motivirte Tagesordnung mit dem Schlußsatze: „In der Erwartung und mit dem Wunsche, daß die verbündeten Regierungen den in dem Antrage angeregten wichtigen Fragen ihre volle Aufmerksamkeit zuwenden und das Ergebniß der über dieselben anzustellenden Erhebungen dem Reichstag in der nächsten Session mittheilen werden."

Damit bleibt diese Frage auf der Tagesordnung des Deutschen Reichstages stehen. Daß übrigens die verbündeten Regierungen durchaus nicht auf dem Boden prinzipieller Ablehnung der auf die Aufhebung des Identitätsnachweises gerichteten Bestrebungen stehen, das beweist wohl zur Genüge ein Artikel der Norddeutschen Allgemeinen Zeitung vom 21. Dezember 1887, aus dem ich die nachfolgenden Sätze zitire, ohne mir die darin ausgesprochenen Schlußfolgerungen aneignen zu wollen:

„Bei dieser Lage der Dinge war der Standpunkt der Regierung bei der Zollverhandlung gegeben: sie mußte der derzeitigen Anregung der Frage zwar keinen sachlichen Widerspruch, wohl aber ein „non liquet" entgegensetzen. Auch wäre es sicher gerathen gewesen, zunächst eine weitere Klärung der Materie abzuwarten, wenn die Regierungsvorlage in vollem Umfange angenommen worden wäre. Nachdem indessen die Zollsätze für Weizen und Roggen auf nur 5 Mk. für den Doppelzentner festgesetzt worden und dadurch der minderwerthige russische Roggen konkurrenzfähiger mit dem inländischen Korn geblieben ist, liegt die Sache augenscheinlich einigermaßen anders und die Anhänger der Regierungsvorlage werden sich nicht ohne guten Grund hierauf berufen können, wenn sie eine baldige Erledigung der Frage der Aufhebung des Identitätsnachweises im positiven Sinne beantragen. Es ist daher eine sachliche Erörterung derselben, und der verschiedenen zur Lösung gemachten Vorschläge, ihrer Vorzüge und Bedenken, zur weiteren Klärung der Ansichten jedenfalls dienlich. Dabei wird freilich, wie die „Berl. Pol. Nachr." bei Erörterung dieser Frage betonen, der von dem Abgeordneten Rickert mit Unterstützung zahlreicher Mitglieder der liberalen Parteien und des Zentrums eingebrachte Antrag, welcher die Aufhebung des Identitätsnachweises nur für die Transitläger statuiren wollte, nicht in Betracht kommen können. Denn damit würde ein weitgehendes Privileg zu Gunsten einzelner See- und Handelsplätze auf Kosten der Allgemeinheit geschaffen, ja, wie im Handelstage hervorgehoben wurde, für diese geradezu ein Handelsmonopol eingerichtet werden. Solcher Privilegirung von Sonderinteressen kann selbstverständlich von denjenigen, welche den Standpunkt des Gemeinwohls vertreten, nicht zugestimmt werden."

Der Compromißantrag „Ampach und Genossen" verlangt, daß für jedes Quantum ausgeführten Getreides ein Importschein gegeben werde, welcher die zollfreie Einfuhr einer gleichen Gewichtsmenge derselben Getreideart gestattet.

Ich will in den folgenden Zeilen den Versuch machen in aphoristischer Form eine Kritik an die beiden Vorschläge, die überhaupt nur in Frage kommen können, den Antrag Stolberg (Baarzahlung) und den Antrag Ampach (Importschein) anzulegen.

Dem auf Baarzahlung des Zolles bei der Einfuhr und auf Baarvergütung des Zollsatzes bei der Ausfuhr gemachten agrarischen Vorschlage, kann, wenn er richtig verstanden wird, aus landwirthschaftlichen Kreisen überhaupt kein Widerspruch entgegengestellt werden. — Als einziges Motiv dagegen kann ich wenigstens nur Mißgunst gegen den Osten und Norden Deutschlands gelten lassen.

Die Baarzahlung bei der Einfuhr erschwert — vertheuert also — die Einfuhr, kommt demnach der Landwirthschaft aller Distrikte Deutschlands zu gut. Die Rückvergütung des Zolles bei der Ausfuhr giebt dem heimischen Getreide zunächst die denkbar freieste Bewegung. Das kann nach zwei Richtungen von größtem Vortheil für dessen Preisbildung sein, einmal wenn ein günstiger ausländischer Markt näher liegt, als der heimische Markt, also mit weniger Transportkosten zu erreichen ist, als ein geeigneter größerer einheimischer Markt.

Das trifft für alle Grenzdistrikte Deutschlands zu, ebenso für die Rheinlande*) wie für Bayern, Württemberg,

---

*) Hierzu ein Beispiel aus der Nr. 59 der Kölnischen Zeitung: „Heute kostet mahlfähiger Weizen in Verviers 14,40 Mk.; in Köln 17 Mk. Fracht und Unkosten bis Verviers betragen 80 Pf.; also kölnischer Weizen wäre

Baden u. s. w., insbesondere aber für die östlichen und nördlichen preußischen Provinzen, welche dadurch in die Lage kommen, auf dem billigen Seewege Skandinavien und England zu erreichen.

Von sehr sachverständiger Seite ist mir versichert worden, es wäre selbst von Mannheim aus (wo nahezu die höchsten Preise in Deutschland bestehen) im verflossenen Jahre wiederholt sehr vortheilhaft gewesen, deutsches Getreide nach England zu exportiren, wenn der Zoll bei der Ausfuhr auch nur in Höhe von 40 Mk. vergütet worden wäre. Um wieviel eher wäre das aus Ostpreußen, Pommern, Mecklenburg, Schleswig=Holstein möglich gewesen, wo die Preise doch sehr viel niedriger sind und auch unter allen Umständen (auch bei Aufhebung des Identitätsnachweises) wegen der Frachtkosten niedriger bleiben werden als in Mannheim.

Ein zweiter Vortheil, welcher dem heimischen Getreide durch die freie Bewegung zutheil werden würde, liegt darin, daß es möglich sein würde, die entsprechenden Qualitäten deutschen Getreides überall dahin zu befördern, wo diese gerade gesucht werden.

Ein Export ostdeutschen Getreides ins Zollausland ist unter den gegenwärtigen Verhältnissen einfach unmöglich, weil es einen mindestens etwas höheren Preis hat als den des Zollauslandes und weil keinerlei Zoll bei der Ausfuhr heimischen Getreides vergütet wird. Es muß daher den deutschen Markt — überwiegend den west= und süddeutschen Markt — aufsuchen. Die besondere Qualität des

---

in Verviers für 17,80 Mk. zu liefern. Würde der Zoll von 5 Mk. zurückbezahlt, so würde er dem Kölner Verkäufer in Verviers 12,80 Mk. stehen; ihm also gegen Köln 1,60 Mk. Nutzen lassen."

Norddeutschen Weizens beispielsweise ist dort aber garnicht begehrt — verzollter südrussischer Weizen hat dort einen viel höheren Preis, — es wird dort folglich der Norddeutsche Weizen unter seinem eigentlichen Werthe verkauft und drückt derselbe um so intensiver auf den west= bezw. süddeutschen Marktpreis. — In England ist umgekehrt ostdeutscher Weizen sehr begehrt und wird dort höher bezahlt als derselbe südrussische Weizen, der in Süddeutschland höher im Preise steht. Aehnlich liegen die Verhältnisse betreffs der Gerste. In Folge des Fortfalls des Identitätsnachweises würden Qualitäten deutschen Getreides, welche im Inlande wenig gesucht sind, im Auslande aber gerade geschätzt werden, denjenigen Märkten des Auslandes zugeführt werden können, wo sie Spezial=Preise erzielen.

Die ganze Frage des Fortfalls des Identitätsnachweises beschränkt sich, was das landwirthschaftliche Interesse anlangt, auf die beiden Punkte: Die Möglichkeit der Frachtersparniß und auf die Möglichkeit, besondere Qualitäten von Getreide (welche wesentliche Produkte des Bodens und Klima's sind) denjenigen Märkten zuzuführen, wo diese speziellen Qualitäten besonders gesucht werden. Mehr kann die deutsche Landwirthschaft von der Lösung dieser Frage nicht erwarten.

Die Frachtersparniß fällt aber je weiter nach Osten und Norden umsomehr ins Gewicht. Die Bahnfracht von Königsberg nach Köln kostet 46,65 Mark für die Tonne, absorbirt also nahezu den gesammten höchsten Zollsatz. Wenn nun, was bisher immer geschehen ist, das Zollausland ganz oder überwiegend den Zoll trägt, so kann es das nur dadurch thun, daß es seinerseits den Preis erheblich heruntersetzt, was den Import=ländern Rußland und Indien durch das Sinken ihrer Papier-

bezw. Silbervaluta ganz erheblich erleichtert wird. Dieses Herabsetzen der Getreidepreise in den Produktionsgebieten auf Grund von Zollerhöhungen eines großen Konsumtionsgebietes (Deutschland) ist also gleichbedeutend mit einem allgemeinen Preisdruck auf den Weltmarkt, in Folge eben dieser Zollerhöhung. Wenn nun aber einerseits der Weltmarktpreis sinkt, andererseits die Frachtsätze vom Osten (Königsberg) schon nach Köln so theuer sind, daß sie fast den ganzen Zollsatz absorbiren, so folgt daraus, daß durch die Zölle allein der Landwirthschaft des östlichen Deutschland garnicht geholfen werden kann. Die Thatsachen beweisen die Richtigkeit dieser sehr einfachen Schlußfolgerung. Je weiter nach Osten um so intensiver ist die Nothlage der deutschen Landwirthschaft. Nun ist allerdings die Seefracht vom Osten nach Köln über Rotterdam erheblich billiger, sie absorbirt nicht einmal den halben Zoll von 50 Mark für die Tonne — und in der That geht der überwiegende Theil des ostdeutschen Getreides unter sorgfältiger Vermeidung der Preußischen Staatsbahnen auf dem Seewege und dann über Rotterdam den Rhein hinauf nach Köln, Mannheim u. s. w. Allein einmal ist die Schifffahrt während eines erheblichen Theils des Jahres nicht frei, sodann dauert der Transport sehr lange. Der süddeutsche Käufer muß mit einer rückgängigen Konjunktur der Getreidepreise, die sich während der langen Versendung des Getreides vollziehen kann, rechnen und kann demnach dem Ostdeutschen Produzenten nur einen entsprechend reduzirten Preis bezahlen. Die Seefracht nach England ist um 8 bis 10 Mark billiger als die Wasserfracht nach Mannheim, die Qualität des Norddeutschen Weizens ist dort begehrter als in Mannheim. Es würde ceteris paribus ein recht erheblich höherer Preis für die Ostdeutschen Produzenten zu erzielen

sein, wenn der Identitätsnachweis fiele und er in der Lage
wäre, wieder wie früher nach England zu verkaufen.
Günstiger liegen gegenwärtig natürlich die Verhältnisse im
südlichen und westlichen Deutschland, wo der Zoll nahezu
in volle Wirkung tritt. Aber auch hier macht sich ein Rück=
gang der Handelsthätigkeit und zwar des reellen Effectiv=
geschäftes bemerkbar, was auf die Preisbildung des Getreides
in diesen Gegenden nur ungünstig wirken kann.

Bei dem Festhalten an dem Identitätsnachweise
wird, wie mir von fachmännischer Seite versichert wird,
auch das süddeutsche Getreidegeschäft sehr bald in unbe=
dingte Abhängigkeit von dem Differenzgeschäft an der
Berliner Börse gerathen.

Man spricht sehr häufig, ohne weiter darüber nach=
zudenken, den Satz aus: „Die Preise werden durch Angebot
und Nachfrage regulirt." Das ist doch nicht ohne weiteres
richtig. Es kann an einer Stelle eine sehr große Nach=
frage nach einer Waare vorhanden sein, an einer anderen
ein sehr bedeutendes Angebot derselben, und doch entsteht
keine entsprechende Preisbewegung, wenn nämlich kein
leistungsfähiger Zwischenhandel vorhanden ist, welcher die
Vermittlung übernimmt. Die Transaktionen und die damit
zusammenhängenden Preisbildungen vollziehen sich that=
sächlich nicht auf Grund von Angebot und Nachfrage,
hängen vielmehr davon ab, ob dieselben den Vermittlern
einen entsprechenden Nutzen gewähren oder nicht. Deshalb
ist jede Schädigung des effektiven Getreidege=
schäftes, jede Lähmung seiner Thätigkeit auch für
die Produktion nachtheilig. Eine einmal zerstörte
wichtige leistungsfähige Handelsvermittlung etablirt sich
nicht so ohne weiteres wieder: (Was verständigerweise
bekämpft werden sollte, ist doch nur der übermäßige, un=
nöthige Zwischenhandel oder unverhältnißmäßige Gewinn

desselben!) Es liegt demnach auch im Interesse der Landwirthschaft dahin zu wirken, daß die durch die Zollerhöhungen veränderten Verhältnisse den legitimen berechtigten Zwischenhandel nicht unnöthig einengen.

Der Ausschuß der Vereinigung der Steuer- und Wirthschafts-Reformer hat die Frage des „Fortfalls des Identitätsnachweises" wiederholt sehr eingehend und sorgfältig berathen. Die ersten Kundgebungen von dieser Seite wurden in der links-liberalen Presse, die mit gewohnter Gründlichkeit zu urtheilen beliebte, auf das heftigste angegriffen, mit Schlagworten wie „unerhörte agrarische Begehrlichkeit" und desgleichen mehr. Erst sehr allmählig kam man zur Besinnung.

Der Bericht der Plenarversammlung des deutschen Handelstages vom 29. November vorigen Jahres äußert sich über den Antrag Stolberg (Baarvergütung in Höhe des Zollsatzes beim Import und Export) wie folgt:

„Den Antrag Graf Stolberg dagegen, welcher bei der Ausfuhr von Getreide einen dem Einfuhrzoll gleichkommenden Betrag vergüten will, würde der Handel als solcher wohl unterstützen können, weil er allen Plätzen in gleicher Weise zu Gute kommt und unter den Getreidehändlern keine Bevorzugungen schafft. Selbst wirthschaftlich würde sich gegen eine solche Einrichtung wenig einwenden lassen, so lange man im Auge behält, daß der Zweck der Getreidezölle die Vertheuerung des Kornes im Inlande und die staatliche Unterstützung der Landwirthe ist."

Thatsächlich kann auch von einer Exportprämie, d. h. von einem Zuschuß aus der Reichskasse nicht die Rede sein, solange Deutschland mehr konsumirt als es produzirt. Daß dieses Verhältniß sich in gegebener Zeit nicht ändern wird, das ist mit Sicherheit anzunehmen. Die

Bevölkerung des Deutschen Reichs hat sich vom Jahre 1875 bis 1885 um 4 314 000 Seelen vermehrt, die Bevölkerungszunahme wird doch voraussichtlich künftig eher zu- als abnehmen. Ferner ist der Bevölkerungszuwachs durch die bevorstehende Aufnahme von Hamburg und Bremen in den Zollverein nicht außer Acht zu lassen. Und in der That ist, trotz der überwiegend günstigen Ernte der letzten Jahre, der Mehrbedarf Deutschlands an Cerealien über die eigene Produktion hinaus ein fortwährend steigender. Nur unter dieser Voraussetzung kann an die Durchführung des Prinzips der Baarzahlung gedacht werden. Exportprämien, wie sie beispielsweise für die Zuckerindustrie gezahlt wurden, sind wirthschaftlich durchaus zu verwerfen. Deshalb darf auch nie daran gedacht werden, ein solches System für irgend eine Industrie in Anwendung zu bringen, welche in der Lage ist, oder in die Lage kommen kann, über den Verbrauch von Deutschland hinaus zu produziren.

Was den Einfluß auf die Preisbildung anlangt, so würde sich bei der Baarzahlung der Inlandspreis gestalten annähernd in Höhe des Zollsatzes plus Weltmarktpreis. Es würde sich der Preis, abgesehen von einzelnen Qualitäten, genau so bilden wie der Preis von Spiritus vor dem bestehenden Gesetze, nämlich: Hamburger Preis (Weltmarktpreis) plus rückvergüteter Maischraumsteuer abzüglich der Transportkosten bis Hamburg. (Der gegenwärtige Preis ist niedriger, weil die Verbrauchsabgabe, entgegengesetzt dem von mir in der Branntweinsteuer-Kommission gemachten Vorschlage, bei dem Export nicht rückvergütet wird.)

Merkwürdiger Weise wird die Befürchtung ausgesprochen, es könne diese Preissteigerung — Weltmarktpreis plus vollem oder nahezu vollem Zolle — bei dem System der Baarvergütung so bedeutend sein, daß darin ein besonderer Anreiz zur Mehrproduktion von Getreide, gar über den inländischen Konsum hinaus, liegen könne. In Konsequenz davon müßte jede auf die Beseitigung der Nothlage der Landwirthschaft, d. h. auf die Preisbesserung des Hauptproduktes der Landwirthschaft, des Getreides, gerichtete Bestrebung — außer der Remonetisirung des Silbers, welche ja das Fundament der Preise, den Weltmarktpreis heben würde — perhorreszirt werden. Ich halte wie gesagt die Möglichkeit einer solchen Mehrproduktion in absehbarer Zeit für ausgeschlossen. Wäre sie vorhanden, wäre das zu erreichen, so würde allerdings das Eintreten dieses Zustandes bei den gegenwärtigen Währungsverhältnissen für die deutsche Landwirthschaft geradezu verhängnißvoll werden. Denn sobald mehr ausgeführt als eingeführt wird, ist jeder Zoll, auch der höchste, ohne Einfluß auf den Preis. Es klingt sehr schön, wenn man sagt, es sei ein Glück, daß Deutschland in die Lage käme, seine Bevölkerung selbst zu ernähren. Man wolle sich aber vergegenwärtigen, daß sobald Deutschland nur ein wenig darüber hinaus produzirte, es also exportiren müßte, — (ganz abgesehen davon, daß dann von der Aufrechterhaltung des Prinzips der Baarvergütung im Sinne des Antrages Graf Stolberg nicht mehr die Rede sein könnte, weil ja dann thatsächlich Exportprämien gezahlt würden) die deutsche Landwirthschaft für ihre Cerealien lediglich den Weltmarktpreis erhalten würde, d. h. etwa den gegenwärtigen russischen Preis. Das wäre bei den bestehenden Valuta-Differenzen einfach der Bankerott der deutschen Landwirthschaft. Diese Gefahr kann nur beseitigt und eine radikale nachhaltige Hilfe kann allerdings nur erzielt werden durch die Wiederausprägung des Silbers. Letzterer Maßnahme gegenüber ist der Fortfall des Identitätsnachweises freilich nur als Palliativ zu bezeichnen und als eine nothwendige Korrektur unserer Zollgesetzgebung.

Näheres Eingehen auf die Währungsfrage verbietet sich aber bei diesen Erörterungen.

Ein weiteres Gegenargument, welches eigentlich kaum der Widerlegung bedarf, ist das: Es würde die Getreidevertheuerung den Anreiz zum Konsum von Surrogaten, Kartoffeln u. s. w. geben und dadurch eine Ueberproduktion von Getreide, mit ihren verhängnißvollen Folgen, eintreten. Meines Erachtens würde eine Preissteigerung des Getreides einen so erheblichen allgemeinen wirthschaftlichen Aufschwung hervorrufen, daß gerade der Konsum der nichtlandwirthschaftlichen Bevölkerung an guten Nahrungsmitteln Getreide und Fleisch (die Fleischproduktion absorbirt aber doch auch recht viel Getreide) erheblich zunehmen würde, eben in Folge der Preissteigerung. Wäre die angedeutete gegnerische Voraussetzung richtig, so müßte die Bevölkerung des Ostens — wo die Lebensmittelpreise erheblich niedriger sind als im Westen — viel konsumtionsfähiger sein als die des Westens. Das Gegentheil ist wohl richtig.

Endlich wird von übereifrigen Gegnern der Beseitigung des Identitätsnachweises noch ausgeführt: Durch den vermehrten Export von Getreide aus Deutschland würde ein Druck auf dem Weltmarkte ausgeübt werden! Das wäre richtig, wenn in dem Export deutschen Getreides ein neues auf dem Weltmarkte konkurrirendes Quantum zu dem vorhandenen für den Weltmarkt disponiblen Bestande hinzuträte. Das ist aber eben nicht der Fall, denn für jede aus dem deutschen Bestande entnommene Tonne Getreide muß eine entsprechende Tonne aus den, den Weltmarkt versorgenden Produktionsländern zur nothwendigen Deckung des deutschen Bedarfs herbei geschafft werden.

Eine besondere Spezialität unter den Gegnern der Aufhebung des Identitätsnachweises sind diejenigen, welche erklären, das Bedenkliche liege darin, daß diese Maßnahme seitens der Vertreter des Handels empfohlen werden. Wer sich hinter diesem Argumente verkriecht, der verzichtet von vornherein auf ein eigenes Urtheil. — Unter den eigentlichen „Agrariern" ist diese Spezialität nicht vertreten; die „Agrarier" haben Gelegenheit genug gehabt, sich so eingehend mit volkswirthschaftlichen Fragen zu beschäftigen, daß sie sehr wohl wissen, die distributive Thätigkeit sei nicht ohne weiteres zu entbehren, stehe auch an sich in keinem Interessen-Gegensatze zur produktiven Thätigkeit. Beiläufig darf ich wohl daran erinnern, daß gerade von agrarischer Seite die Solidarität der Interessen von Landwirthschaft und Industrie zuerst und auf das entschiedenste betont worden ist. Was aber mit Recht von agrarischer und nicht agrarischer Seite, aber auch gerade von Seiten des reellen Handels bekämpft wird, das ist das Ueberwuchern des reinen Differenzgeschäftes. Dieses bloße Differenzgeschäft findet aber eine wesentliche Stütze in dem gegenwärtigen Zustande. Das in den freien Verkehr Deutschlands gebrachte (verzollte) Getreide ist, weil in seinem Preise über dem Weltmarktpreise stehend, absolut nicht wieder herauszuschaffen — wenigstens nicht ohne bedeutende Opfer. Es bildet gerade für die Baissespeculation das Mittel zum erfolgreichen Werfen der Preise. Deutschland ist betreffs des Getreides gegenwärtig ein für sich abgeschlossenes Handelsgebiet, das von einem kapitalkräftigen Speculations-

Ringe sehr wohl beherrscht werden kann. Wird dieses Handelsgebiet erweitert, ohne im Interesse der Produktion die Wirkungen der Zölle zu durchbrechen, so hört die Möglichkeit dieser Beherrschung auf. Herr Dr. Ruhland, dessen empfehlenswerthe Ausführungen über die Aufhebung des Identitätsnachweises um so bemerkenswerther sind, als sie in einem süddeutschen Blatte, der Münchener= vormals Augsburger=Allgemeinen=Zeitung erschienen sind, sagt sehr richtig:

„Ja, man kann sogar sagen, daß gerade im Interesse der Verhütung überfüllter Lagerräume und deren nach= theilige Preiswirkungen der Verzicht auf den Identitäts= nachweis zu wünschen ist, weil der Handel dann leicht jede überschüssige Waare auszuführen vermag, ohne seine gemachten Zollauslagen zu verlieren."

Was nun den letzthin im Reichstag eingebrachten Antrag „Ampach und Genossen" anlangt, so sollen also nach demselben auf Grund erfolgter Ausfuhr von Getreide seitens der Zollbehörde Anerkenntnisse gegeben werden, welche jedem Inhaber (Käufer) dieser Anerkennt= nisse gestatten, eine gleiche Gewichtsmenge der= selben Getreideart zollfrei nach Deutschland einzuführen. Bei diesem Verfahren wäre die Möglichkeit der Gefahr, daß die Reichskasse finanzielle Verluste erlitte, absolut ausgeschlossen. Dem Prinzipe der Baarzahlung gegenüber bleibt nur zu erörtern, ob der Preis dieser „Einfuhrvollmachten" erheb= lich unter den Zollsatz sinken würde. Entscheidend ist für die Beurtheilung dieser Frage das Konsumtionsbedürfniß von Deutschland über seine eigene Produktion hinaus. Da dieses aber sehr bedeutend ist, so würde bei gesetzlicher Zulassung von „Einfuhrvollmachten" einmal doch der sehr überwiegende Theil der Getreide=Importe in bisheriger Weise verzollt werden und nur für einen verhältnißmäßig kleinen Theil desselben der Zoll durch Einfuhrvollmachten berichtigt werden können. Selbst wenn man also annähme, daß die Getreideimporteure den Importschein zu einem erheblich niedrigeren Betrage als dem vollen Zollsatze von den Exporteuren kaufen könnten, so würde doch die relativ geringe Menge der Import= scheine im Verhältniß zu den baar zu entrichtenden Zoll= beträgen keine nennenswerthe Wirkung im Sinne einer generellen Zollermäßigung auszuüben im Stande sein.

Die Annahme aber, daß die Importscheine erheblich billiger zu haben sein würden als zum Nominalbetrage des Zolles, ist eine irrige, weil eben wegen des Mehr= bedarfs von Deutschland an Cerealien über seine Produkte hinaus sehr viel mehr Importscheine begehrt werden würden als solche überhaupt zu haben sind.

Dennoch fürchten insbesondere die süddeutschen Land= wirthe lediglich auf Grund der Möglichkeit eines erheblichen Preisabschlages der Einfuhrvollmachten ein Durchbrechen, mindestens eine Abschwächung des Zolltarifs — sie leugnen den Nutzen für den Handel, für die Landwirthschaft des Nordens und Ostens von Deutschland keineswegs, was ja aus den Verhandlungen des Reichstages ganz klar hervorgegangen ist, bekämpfen aber trotzdem diese Maß= nahme, weil sie ihnen möglicherweise schaden könne.

Will man diesen Bedenken sowie dem Bedenken, daß der relativ niedrige Preis der Exportscheine auch beim Export keinen genügenden Nutzen gewähren würde, endlich dem Be= denken der prinzipiellen Gegner, welche einen Ausfall an Zoll= einnahmen bei der Baarzahlung befürchten, Rechnung tragen, so bliebe nur der eine Ausweg: an dem Prinzipe der

Baarzahlung zwar festzuhalten sowohl beim Import wie beim Export, aber beim Export die Vergütung um 10, allerhöchstens 20 Prozent des Zollsatzes herab= zusetzen. Dann würden beispielsweise beim Export für die Tonne Weizen oder Roggen 45 Mark bezw. 40 Mark vergütet werden. — Die Getreidezolleinnahmen des Reichs würden dabei gegenüber dem gegenwärtigen Zu= stande eine erhebliche Steigerung erfahren; die Preisdifferenz zwischen dem östlichen und westlichen Deutsch= land würde natürlich größer sein als bei der Vergütung des vollen Zolles gelegentlich der Ausfuhr, aber immer= hin für den Osten nicht so verhängnißvoll wie bei dem gegenwärtigen Zustande.

Ich darf meine allgemeinen Ausführungen wohl dahin zusammenfassen:

Wer kein Monopol weniger Exportmühlen wünscht, wer eine thunlichst gleichmäßige Wirkung der Getreidezölle, also auch im östlichen und nördlichen Deutschland, für gerecht hält, wer eine Linderung der Noth der Land= wirthschaft gerade da wo sie am größten ist, für geboten erachtet, endlich wer eine thunlichst freie Bewegung des Handels mit effektiver Waare, solange sie nicht wichtigere Interessen beeinträchtigt, für wirthschaftlich nützlich hält, der wird die auf die Aufhebung des Identitätsnachweises gerichteten Bestrebungen unterstützen müssen.

Zum Schlusse noch einige Bemerkungen, die sich insbesondere auf die Interessen der östlichen Preußi= schen Distrikte beziehen. Es kann nicht meine Aufgabe sein, die Interessen des Handels an sich zu vertreten. Was aber die Landwirthschaft im Osten anlangt, so ist deren berechtigtes Verlangen nach der „Aufhebung des Iden= titätsnachweises" eine einfache Folge davon, daß man sich gescheut hat, die Konsequenzen einer nationalen

Wirthschaftspolitik voll und ganz zu ziehen. Wenn man innerhalb des staatlichen Organismus in die freie Bewegung wirthschaftlicher Kräfte eingreift, so muß man vor denjenigen Konsequenzen nicht zurückschrecken, welche im Interesse wichtiger Glieder dieses Organismus nothwendig sind.

Will man eine starre Durchführung des Schutzzollsystems, will man an dem Satze festhalten „Deutsches Getreide nur für den Deutschen" und „Deutschland soll nur von deutschem Getreide ernährt werden" so muß auch für alle Theile des deutschen Reichs das einzige mögliche Absatzgebiet, der deutsche Markt erreichbar sein. Für die östlichen preußischen Provinzen ist der deutsche Markt aber nur zu Bahnfrachtsätzen erreichbar, die für sie unerschwinglich sind. Dasselbe gilt zum Theil auch für andere Küstengebiete der Ostsee und für die Küstengebiete der Nordsee. Ein Festhalten an diesen Tarifsätzen bei gleichzeitigem Festhalten an dem Identitätsnachweise bedeutet aber einfach **den wirthschaftlichen Ruin, die Verödung dieser Gegenden.** Die von dem Preußischen Finanzminister herangezogene Statistik beweist klar und deutlich den Rückgang der Prästationsfähigkeit der ländlichen Distrikte des östlichen Preußens.

In 12 Regierungsbezirken, welche die Provinzen Ostpreußen, Westpreußen, Posen ganz, die Provinzen Schlesien und Pommern überwiegend, die Provinzen Brandenburg und Hannover nur zum kleineren Theile umfassen, ist in den ländlichen Ortschaften bei einem Bevölkerungszuwachs von 312 156 Seelen seit 1876 bis 1887/88 das Veranlagungssoll der Einkommen- und Klassensteuer seit 1876 bis 1887/88 um 693 020 Mark zurückgegangen. — Daß der neue Zolltarif nicht helfen kann, habe ich im Eingange dieser Darlegungen nachgewiesen.

Da der entscheidenden Währungsfrage noch immer ein non liquet entgegensteht, so bleiben für den Osten vorläufig nur zwei Wege der Abhülfe, entweder der der Herabsetzung der Bahntarife oder der des Fortfalls des Identitätsnachweises. — Daß eine wirksame Herabsetzung der Bahntarife weder jetzt noch in absehbarer Zeit absolut keine Chance der Verwirklichung hat, das beweisen die letzten Verhandlungen im Preußischen Abgeordnetenhause. Aber auch wenn Aussicht dazu vorhanden wäre, so ist ein Bedenken dagegen nicht zu übersehen, nämlich, ob nicht unter einer solchen Maßnahme der Handel unserer Seeplätze, unserer Provinzialhauptstädte, erheblich leiden würde. Diese Städte haben zwar alle „agrarischen" Bestrebungen auf das heftigste und rücksichtsloseste bekämpft, es wäre aber nicht „agrarisch" gleiches mit gleichem zu vergelten. Eine wahrhaft konservative Politik darf nicht ohne weiteres über berechtigte Interessen, zu denen doch auch die unserer Seehandelsplätze gehören, zur Tagesordnung übergehen. Endlich: Schutzzoll und Freihandel sind keine Dogmen, die Nützlichkeit allein entscheidet über die Zweckmäßigkeit des einen oder des anderen Systems. Ich halte das Schutzzollsystem in diesem Augenblick in Deutschland für eine absolute Nothwendigkeit; in einer für das wirthschaftliche Leben einer Nation verhältnißmäßig kurzen Zeit kann das Gegentheil richtig sein. Schon die Wiederausprägung des Silbers würde die Höhe der gegenwärtigen landwirthschaftlichen Zölle unnöthig erscheinen lassen. Daß bei der Rückkehr zum Freihandel die Bedeutung des Handels der Seestädte steigen würde, unterliegt wohl keinem Zweifel. Für ihren Transithandel von und nach Rußland sorgt der Staat soweit es in seiner Macht steht durch sehr billige Transittarife. Die Tarifpolitik unserer

Nachbarn kann aber jeden Tag dieses Transitgeschäft von unseren Seeplätzen ablenken, und es bliebe ihnen dann nur das heimische Geschäft.

Würde aber diese Handelsthätigkeit durch die Herabsetzung der Bahntarife von Osten nach dem westlichen Deutschland dann auch lahmgelegt — was ja nicht unmöglich erscheint — so ist es zweifelhaft, ob sie jemals wieder lebenskräftig würde und ob wir sie nicht dann gerade schmerzlich entbehren würden, wenn wir sie wieder besonders nöthig brauchten.

Sieht man aber von diesen Erwägungen ab, so würden allerdings die berechtigten Wünsche der ostdeutschen Landwirthschaft auf diesem Gebiete voll befriedigt werden, wenn die Getreidetarife etwa bis auf den 1½ Pf.-Tarif herabgesetzt würden; die Berechtigung einer Forderung der Aufhebung des Identitätsnachweises läge dann nicht mehr vor. Es ist aber wie gesagt, an einer entsprechenden Herabsetzung der Bahntarife nicht zu denken, um so weniger als Staatsverträge mit dem Auslande dem ausländischen Getreide dann dieselbe Tarifermäßigung sicherten. Handelte es sich um industrielle Tarife, so läge der Beseitigung dieser Staatsverträge nicht außerhalb des Bereichs der Wahrscheinlichkeit. Die Landwirthschaft hat es aber nie verstanden, ihre Interessen so einmüthig und so wirksam zu vertreten wie die Industrie.

Es bleibt daher mindestens für die östlichen preußischen Provinzen — wenn man von der entscheidenden Frage der Wiederausprägung des Silbers absieht — in Konsequenz der Wirkungen des Schutzzollsystems keine andere berechtigte Forderung übrig als die auf Aufhebung des Identitätsnachweises gerichtete. Wird sie nicht erfüllt, so werden die Bewohner der östlichen Distrikte wirthschaftlich dauernd zu Deutschen zweiter Klasse degradirt.

Es unterliegt keinem Zweifel, daß das Preußische Landwirthschaftliche Ministerium — ganz abgesehen von der allgemeinen Bedeutung dieser Frage für die gesammte Landwirthschaft — deren Förderung und Lösung schon im Interesse der östlichen Landestheile, die man doch als lebensfähige bedeutsame Glieder des preußischen Staatskörpers ansehen muß, wirksam und energisch in die entsprechenden Bahnen leiten wird.

# Die Gemeinschädlichkeit

der in Aussicht gestellten

# Erhöhung der Kornzölle.

Von

Peter Reichensperger.

Berlin.

Verlag von Julius Springer.

1887.

Im Widerspruch zu dem bisheran allseitig anerkannten Grundsatze, daß ein Zolltarif im Interesse gedeihlicher Entwickelung der Produktion wie des Handels vor rasch folgenden Aenderungen bewahrt bleiben müsse, ist trotz der erst im Jahre 1885 erfolgten, sehr bedeutenden Erhöhung des Getreidezolls wiederum in einflußreichen Kreisen der Ruf nach weiterer Erhöhung, womöglich Verdoppelung dieses Zolles, d. h. auf Versechsfachung des im Jahre 1879 festgesetzten Zollsatzes laut geworden. Zur Begründung dieser Forderung wird versichert, daß nicht blos das Gedeihen, sondern die fernere Erhaltung der deutschen Landwirthschaft von der Gewährung dieser erhöhten Zollsätze bedingt sei. In der letzten Session des preußischen Abgeordnetenhauses hat denn auch der Abgeordnete Freiherr von Minnigerode den Antrag gestellt, die Staatsregierung zu ersuchen, im Bundesrathe ihren Einfluß dahin geltend zu machen, daß mit Rücksicht auf die in Folge des erheblichen Preisrückganges der Produkte bedrohliche Lage der Landwirthschaft eine auf Erhöhung der landwirthschaftlichen Schutzzölle gerichtete Vorlage dem Reichstage baldmöglichst unterbreitet werden möge. Das Abgeordnetenhaus ist zwar über den Antrag zur einfachen Tagesordnung übergegangen, allein der Landwirthschafts-Minister Dr. Lucius hat dabei die formelle Erklärung abgegeben, die Königliche Staatsregierung werde mit einem Antrage auf angemessene Erhöhung der landwirthschaftlichen Zölle beim Bundesrathe vorgehen.

Nach den in die Oeffentlichkeit getretenen Anzeigen scheint denn auch diese Zusage bereits erfüllt zu sein oder doch in kürzester Frist erfüllt zu werden, so daß der Reichstag den bestehenden Zolltarif, diese finanz-politische Basis des gesammten Wirthschaftslebens, nach kaum zweijähriger Ruhe wiederum in seinen wichtigsten Positionen abändern und zum extremen Schutzzollsystem überführen soll, — Alles im vollen Gegensatz zur altbewährten stätigen Zollpolitik Preußens und des vormaligen Zollvereins.

In dieser Sachlage kann man zunächst nur eine neue Bestätigung der alten, aber unerfreulichen Wahrheit erblicken, daß nicht blos die Individuen, sondern ganze Staatswesen nur selten die goldene Mittelstraße behaupten, sondern meist von einem Extrem zum andern hinübergleiten. Der alte Zollverein hatte im Anschluß an die preußische Zollgesetzgebung (26. Mai 1818) „zum Schutz der inländischen Gewerbsamkeit" einen gemäßigten Zolltarif zur immer umfassenderen, segensreichen Geltung in Deutschland gebracht, allein derselbe erhielt seinen plötzlichen Todesstoß durch den von Preußen abgeschlossenen französischen Handelsvertrag von 1863, der bekanntlich nicht durch volkswirthschaftliche, sondern durch politisch-diplomatische Interessen diktirt war und auch erst nach dreijährigem Widerstande der anderen Zollvereinsstaaten durch die preußischerseits angedrohte Kündigung des Zollvereins im Jahre 1865 zur Annahme gebracht werden konnte. Unter Führung des Präsidenten des Reichskanzleramtes H. Delbrück wurde dann das Freihandelssystem, dies Idol der goldenen Internationale, immer radikaler in Deutschland verwirklicht, bis zuerst der Nation, dann auch den Regierungen die Augen auf- und übergingen im Hinblick auf den fortschreitenden Niedergang unseres eigenen Wirthschaftslebens gegenüber der schrankenlosen Konkurrenz des Auslandes auf unserem Markte. Leider hat es eines Jahrzehnts schweren Schadens bedurft, um die Nothwendigkeit erkennen zu lassen, daß Wandel geschaffen werden müsse, allein es ist dann auch mit fester Hand im Jahre 1879 geschehen, und zwar mit einem so allgemein anerkannten, segensreichen Erfolge, daß auch die rücksichtslosesten Freihändler kaum mehr wagten, diesen Zoll-

tarif von 1879 zu bekämpfen. Das manchesterliche Freihandels=
system ist damit gerichtet und kann ernstlich nicht mehr in Be=
tracht kommen, nachdem es auch in allen anderen Staaten
immer mehr aufgegeben wird. Der hausbackene Rath, ohne
Zollbeschränkung da kaufen zu lassen, wo die Sache am wohl=
feilsten zu haben ist, stellt sich ja auf den ersten Blick als eine
absolute Verkennung jeder Staatsidee dar. Staat und Reich
müssen doch zur Deckung ihrer Bedürfnisse das ganze inländische
Produktionsleben mit Steuern aller Art belasten, mit Grund= und
Gebäudesteuer, Gewerbesteuer und indirekten Abgaben aller Art;
sie müssen dadurch alle inländischen Produkte vertheuern, und das
deutsche Reich thut dies bewußtermaßen noch stärker, als andere
Staaten, durch humanitäre Beschränkung der Frauen= und
Kinderarbeit, durch Arbeiterschutz, Schul= und Wehrpflicht. Und
da soll es noch vernünftig sein, daß dies deutsche Reich die
durch es vertheuerten Produkte des Inlandes auf unserem
eigenen Markte der freien Konkurrenz aller Herren Länder
schutzlos gegenüberstellt, d. h. preisgiebt, und damit nicht blos
seine eigenen inneren Steuerquellen verstopft, sondern auch
unsern deutschen Arbeiter verdienst= und broblos macht, um die
ausländische Waare etwas wohlfeiler kaufen zu lassen, — so
lange das überhaupt nach Vernichtung unseres Wirthschafts=
lebens noch geschehen kann! Das widerspricht der Natur der
Dinge und darum war die Reform unseres Zolltarifs im Jahre
1879 ein absolutes Gebot der Staatsidee und sie bleibt es auch
so lange, als nicht die Freihändler die Güte haben werden,
endlich zu verrathen, auf welchen Produktionsgebieten denn
Deutschland jeder ausländischen Konkurrenz gewachsen ist und
seine Arbeitskraft voll verwerthen kann. Nur dies letztere sollte
und wollte durch den Zolltarif von 1879 gesichert werden,
Niemand aber dachte damals daran, den Produzenten, bei=
spielsweise den Hüttenbesitzern oder den Textilfabrikanten, bei
Bemessung des Eisen= oder Textilzolles ihre früheren Erträge
zu sichern, wie dies jetzt hinsichtlich der Grundrente seitens der
agrarischen Partei erstrebt wird.

Aber leider wurde mit diesem gemäßigten Schutzzollgesetze auch das minder gemäßigte Sonderinteresse der verschiedensten Berufsklassen wachgerufen, an deren Spitze sich dann der einflußreichste Stand der Grundbesitzer gestellt hat. Es ist dabei in keiner Weise zu bestreiten, daß für die Letzteren eine besondere Veranlassung in dem unleugbaren Nothstande hinzukam, der durch die Preisverminderung der landwirthschaftlichen Produkte, namentlich des Getreides, in Folge der drückenden ausländischen Konkurrenz herbeigeführt worden ist. Dieser Nothstand besteht unzweifelhaft, und schon darum darf die betreffende Agitation nicht kurzweg als eine durch einseitig persönliche oder Standesinteressen hervorgerufene abgeurtheilt werden, und zwar um so weniger, als viele nicht unmittelbar betheiligte, hochangesehene Männer und Fachgelehrte den zur Abhülfe gestellten Forderungen zustimmen. Es ist vielmehr geboten, die Angelegenheit nach allen Seiten ernst zu prüfen und die hier wie überall auseinandergehenden Interessen der Produktion und der Konsumtion unbefangen abzuwägen und so ein gerechtes Urtheil zu finden.

Der bezeichnete Nothstand kann in der That von Niemandem, der Auge und Ohr offen hält, verkannt werden, allein er wird doch Gottlob einestheils übertrieben und anderentheils über Gebühr verallgemeinert. Eine ernste Krisis ist eingetreten, aber von einem Siechthum unserer Landwirthschaft, oder auch nur von ihrem Niedergang kann nicht die Rede sein, da sie sich bis in die letzten Jahre fort und fort technisch vervollkommnet und größere Erträge nach den nachfolgenden Zeugnissen erzielt hat, während allerdings ihre Rentabilität zurückgegangen ist. Der bezeichnete Nothstand besteht hauptsächlich in den auf Getreidebau angewiesenen Landestheilen, viel weniger in den weiten Gebieten, wo Viehzucht und Milchwirthschaft, sowie Weinbau und die Kultur von Handelspflanzen vorherrscht.

Was den Viehstand anlangt, so hat der Minister Dr. Lucius in dem Immediatbericht vom Jahre 1885 über „Preußens landwirthschaftliche Verwaltung" festgestellt, daß der Rindviehstand in den sieben östlichen Provinzen in den letzten zehn Jahren sich gehoben, am beträchtlichsten in der Provinz Posen, wogegen sich eine Abnahme in den Provinzen Schleswig-Holstein, Hannover, Westphalen und Rheinland ergiebt. Die Viehpreise haben sich danach ebenso, wie im Vorjahre, befriedigend gestaltet. Hinsichtlich der an Wichtigkeit nächststehenden Schweinezucht ist dort gesagt, daß sie an Ausdehnung gewonnen und gute Preise erhalten habe. Die Zählung vom Jahre 1883 ergiebt nämlich für Preußen eine Vermehrung des Bestandes an Schweinen um 1 523 000 Stück, was eine Zunahme von über 30 % darstellt. Diese Zunahme des Schweinebestandes erstreckt sich auf alle Gebietstheile, tritt aber am stärksten in Westpreußen, Posen und Hannover hervor.

Bezüglich der Handelspflanzen wird eine beträchtliche Zunahme des Tabaksbaues, wie der Gemüse- und Obst-Kultur konstatirt. (Vergl. S. 159, 163, 177 und 50.) Im preußischen Abgeordnetenhause hat der Minister Dr. Lucius ebenwohl am 5. Mai 1887 das Vorhandensein eines, durch ausländische Konkurrenz herbeigeführten Nothstandes bezüglich der Viehzucht verabredet, und die vom Freiherrn von Minnigerode geforderte Erhöhung der Viehzölle mit der Bemerkung abgelehnt, daß sowohl unser Import als Export ein sehr unerheblicher sei und daß unser Export dem Werthe nach sich wahrscheinlich höher stelle, als der Import.

Die vorbezeichnete Verschiedenheit der landwirthschaftlichen Hauptproduktionen in den verschiedenen Landestheilen muß von vornherein betont werden, weil die durch Erhöhung des Zolltarifs erstrebte Vertheuerung des Getreides einen weiteren Druck auf die letztgenannten Gebiete ausüben würde.

Neben den östlichen Provinzen Preußens, wo der Großbetrieb vorherrscht, scheint nach den Auslassungen der Tagespresse die Zollagitation am entschiedensten in den getreidebauenden Kreisen Baierns vertreten zu sein, allein es darf desfalls auch darauf hingewiesen werden, daß nach den eigenen Publikationen der dortigen agrarischen Partei die landwirthschaftlichen Vereine in der Pfalz, in Schwaben und Mittelfranken sich schon im Jahre 1885 entschieden gegen die damals in Rede stehende Erhöhung des Getreidezolles auf 3 Mk. erklärt haben.

Die angebliche Allgemeinheit des landwirthschaftlichen Nothstandes kann nach dem Gesagten nicht anerkannt werden, allein auch da, wo er besteht, wird er übertrieben, indem man behauptet, der Getreidebau decke bei den dermaligen Preisen nicht mehr die Produktionskosten und müsse daher eingestellt werden. Wenn dem wirklich so wäre, dann dürfte allerdings vor keinem Opfer zurückgeschreckt werden, weil das deutsche Reich aus tausend ökonomischen und politischen Gründen auf selbsteigenen Getreidebau nicht verzichten kann. Allein dem ist nicht so, vielmehr ergiebt sich bei näherer Betrachtung das directe Gegentheil aus einem Aufsatze des Dr. Francke: Acht Jahre deutschen Getreidehandels von 1878 bis 1885, der in der Zeitschrift des Königlich Preußischen Statistischen Bureaus von 1886 aufgenommen ist und schon hierdurch, aber mehr noch durch das vom Landwirthschaftsminister Dr. Lucius im Abgeordnetenhaus ihm ertheilte Lob, die Garantie der sachlichen Richtigkeit seiner Angaben in sich trägt. Aus der auf Seite 221 aufgestellten Tabelle ergiebt sich in vollen Zahlen, daß im deutschen Reiche der Ernteertrag der vier Hauptgetreidearten, nämlich von Roggen, Weizen, Gerste und Hafer vom Jahre 1880 bis 1886 von Jahr zu Jahr regelmäßig gestiegen ist, am meisten der Roggenertrag, nämlich um nahe eine Million Tonnen, d. h. um 17 %. Auf derselben Seite wird dabei konstatirt, daß viel Areal dem Getreidebau entzogen worden sei durch Vermehrung der gewerblichen Anlagen und der Zucker-, Spiritus- und Stärke-Industrie. Der trotzdem erlangte höhere Getreide-Ernteertrag wird zugleich erklärt durch die rationellere Ausnutzung des Bodens, durch intensivere Wirthschaft, durch gesteigerte Anwendung künstlicher Düngmittel und landwirthschaftlicher Maschinen. Gegenüber dieser stätigen Vermehrung des Ernteertrages und der intensiven Bewirthschaftung kann man sicherlich nicht von einer bevorstehenden Einstellung des Getreidebaues reden, weil er die

Produktionskosten nicht mehr decke. Was sodann die Getreide=
preise anlangt, so ergiebt die Tabelle auf Seite 223 bei Francke,
daß auf dem Hauptmarkt in Berlin vom Jahre 1879 auf 1885
der Weizen allerdings von 197,85 auf 160,90 gesunken, der
Roggen dagegen von 132,81 auf 140,58 und die Gerste von
126,80 auf 134,18 gestiegen ist.

Nun kann es ja dem aufmerksamen Beobachter nicht unbe=
kannt geblieben sein, daß zum Nachweise der Behauptung, die
Produktionskosten würden durch die dermaligen Getreidepreise
nicht mehr gedeckt, derartige Defizitsrechnungen wirklich aufge=
stellt und verbreitet werden, allein in diesen Rechnungen figurirt
mit Unrecht die Verzinsung des Bodenkapitals nach den Kauf=
preisen der Vergangenheit, beziehungsweise der zu leistende
Pacht= und Hypothekenzins. Dieser Zins kann in der That
bei den gesunkenen Getreidepreisen vielfach kaum mehr aufge=
bracht werden, und es ist eine für die Beurtheilung der Korn=
zollfrage nicht aus den Augen zu verlierende Thatsache, daß
gerade in der Höhe dieser Belastung nach dem Urtheil aller
Sachverständigen der Hauptgrund des Nothstandes besteht.
Die Güterpreise sind nämlich im Jahrzehnt von 1850 bis 1860
durch den Eisenbahnbau, sodann später während der Gründer=
periode zu unverhältnißmäßiger Höhe um Millionen und Mil=
liarden hinaufgetrieben worden, — und diese Preis= und Renten=
erhöhung des Grund und Bodens ist den damaligen Besitzern
ganz ohne ihr Verdienst in den Schoß gefallen. Seitdem ist
ein verhängnißvoller Rückschlag eingetreten, indem das Ausland
unsere wie seine Kommunikationsmittel zum Import seiner
Cerealien benutzt. Das ist hart und peinlich, aber da können
doch die vordem Begünstigten nicht den Anspruch erheben, daß
der so geschaffene Vermögens= und Rentenstand durch künstliche
Vertheuerung des Getreides, also auf Kosten der Gesammtheit
festgenagelt werde, auch dann nicht, wenn die jetzigen Besitzer
zu hohen Preisen gekauft oder gepachtet haben. Oder was
würde man wohl zu dem ganz analogen Anspruch der Kapital=
besitzer sagen, daß ihnen der vormalige Zinsfuß von 5% durch

gesetzliche Maßregeln, etwa durch das Verbot der Notenausgabe wieder hergestellt werde? Und doch ist das Herabgehen des Zinsfußes bis auf 3 und $3\frac{1}{2}\%$ dem fast überall verschuldeten Grundbesitze direkt zu Gute gekommen. Man schätzt doch die landwirthschaftliche Hypothekenschuld in Deutschland auf etwa 10 Milliarden und eine Ermäßigung des Zinsfußes von 5 auf nur 4 % erspart der Landwirthschaft jährlich 100 Millionen Mark, die der Kapitalbesitzer einbüßt. In Preußen haben fast alle Landschaften den Zins der Pfandbriefe sogar von 5 auf $3\frac{1}{2}\%$ herabgesetzt. Daneben besteht die handschriftliche Schuld der Grundbesitzer von wahrscheinlich gleichem Betrage und der Niedergang des Zinsfußes von 6 auf nur 5 % ergiebt eine gleiche Ersparniß von 100 Millionen.

Weiterhin ist es aber auch nicht wahr, daß die landwirthschaftlichen Produktionskosten überall theurer geworden seien. Das Gegentheil ist der Fall bei den so wichtigen künstlichen Düngmitteln der Phosphate und Chilisalpeter wie bei den landwirthschaftlichen Maschinen. Zudem ist nach dem Hamburger Verzeichniß der Preis aller Metall-, Kolonial- und Industrie-Waaren mehr zurückgegangen, als der des Getreides. Nur die Arbeitslöhne sind nicht gleichmäßig gesunken, werden aber gegenüber der vermehrten Anwendung von Maschinen ebenwohl weichen müssen.

Die allgemeine Behauptung, daß der Getreidebau die Produktionskosten nicht mehr decke, also eingestellt werden müsse, wird in derselben Allgemeinheit schon ausreichend durch dessen nicht verringerte, sondern intensiv und extensiv vermehrte Weiterführung widerlegt. Nach dem vorbezeichneten amtlichen Berichte des Ministers Lucius hat die landwirthschaftlich benutzte Fläche in Preußen vom Jahre 1878 bis 1882 um 612 000 Hektare zugenommen, und die der Brachfläche um 366 000 Hektare zum Vortheil der intensiveren Wirthschaft abgenommen. Nicht minder ist dort festgestellt, daß die Domänenpächte vom Jahre 1849 bis 1869 von 100 auf 190, im Jahre 1879 auf 255 gestiegen, aber auch in den Jahren 1883 und 1884, also bis zuletzt, nicht zurückgegangen, sondern weiter gestiegen sind auf 272 beziehungsweise 275 ½ Mark.

Sicherlich gestattet die eigenthümliche Behandlung unseres Domänenwesens keinen allgemeinen Rückschluß, allein gegenüber der agrarischen Behauptung genügt schon die Verweisung auf die Thatsache, daß auch heute noch für den Getreideboden Kauf- und Pachtzinsen gewährt werden, welche eine wirkliche Grundrente zur Voraussetzung haben. Allein die Güterpreise sind durchweg in drückender Weise für den jeweiligen Besitzer heruntergegangen und stehen noch nicht fest. Selbst Freiherr von Hornstein hat im Reichstage ausgesprochen, daß sie nach der stattgehabten „unsinnigen" Steigerung noch weiter um 40 bis 50 % fallen müßten, wie dies in England bereits eingetreten sei.

Gegenüber dieser unbestreitbaren Kalamität muß nun zunächst auf die unerläßliche Pflicht der Selbsthülfe verwiesen werden, wie das auch der Minister Lucius am 5. Mai 1887 im Abgeordnetenhause ernstlich betont hat. Diese Selbsthülfe besteht vor Allem in der Rückkehr zum altbewährten Geiste des Fleißes und der Sparsamkeit und der Beseitigung des tief eingerissenen Luxus in der ganzen Lebenshaltung der landwirthschaftlichen Familie bis zu deren Söhnen, die ihr Freiwilligenjahr nur noch in einem Kavallerie-Regimente mit großem Aufwand glauben ableisten zu können.

Wo diese Selbsthülfe in Fleiß und Sparsamkeit geübt wird, verzinst sich auch heute noch das in der Landwirthschaft angelegte Kapital, und der intelligente Landwirth kommt vorwärts. So bezeugt es der warme Vertreter der landwirthschaftlichen Interessen Dr. Franz in dem offiziellen landwirthschaftlichen Jahrbuche von 1886. Nicht minder wird von kompetenter Seite behauptet, daß die Lage des Bauern nur da eine prekäre sei, wo er in unglaublicher Weise hinter der Zeit zurückgeblieben, namentlich in Beziehung auf richtige Wahl des Saatguts und des Düngers.

Allein trotz alledem muß die Gesammtheit bereit sein, und

ist es, vor Opfern nicht zurückzuschrecken, weil sie weiß, daß die landbautreibende Bevölkerung leidet, und daß sie der Kern- und Schwerpunkt unseres Staatswesens, ja der eigentliche Rückgrat des Volksthums sein und bleiben muß. Darum ist es im unmittelbaren Staatsinteresse geboten, dieser politisch und sozial so wichtigen Berufsklasse mit aller Kraft, auch mit materiellen Opfern der Gesammtheit zu Hülfe zu kommen, soweit nicht dieser letzteren dadurch noch größerer und allgemeinerer Schaden zugefügt wird, als der Vortheil beträgt, den man der ersteren zuwendet. Jedenfalls muß der von manchesterlicher Seite laut gewordene Trost zurückgewiesen werden, daß durch die Subhastation der überschuldeten Landwirthe zwar diese letzteren, nicht aber die Landwirthschaft selber leiden werde, indem die künftigen Grundbesitzer zu niedrigeren Preisen erwerben und in der Lage sein würden, zur intensiveren Wirthschaft überzugehen und zu prosperiren. Dieser vermeintliche Trost entspricht ja der Adam Smith'schen Wirthschaftslehre, welche über der Produktion der Güter das Wohl und Wehe der Menschen übersieht, — allein diese Anschauung der Dinge ist denn doch im Bewußtsein der Menschheit ein überwundener Standpunkt geworden.

Leider kann man sich des Gedankens nicht erwehren, daß die Erkenntniß der vorbezeichneten fundamentalen Nothwendigkeit vielfach durch kapitalistische und kosmopolitische Anschauungen verdunkelt wird, und daß man auch staatlicherseits der Landkultur sogar schwere Gefahren bereitet hat, ohne daß die Meisten wußten, was sie thaten. Hierhin scheint in der That auch das Goldwährungsgesetz zu gehören, von dem die Agrarier wohl nicht mit Unrecht behaupten, daß dasselbe zum Niedergang aller Produktenpreise, wie des Grund und Bodens selber mit beigetragen habe, weil das Gold im Verhältniß des mit der Bevölkerung wachsenden Bedarfs und seiner verminderten Produktion theurer werden mußte und voraussichtlich noch theurer werden wird, mithin alle anderen Preise immer weiter hinabdrückt. Hierbei wirft man mit vollem Unrecht den agrarischen Bimetallisten vor, daß sie mit wohlfeilerem und schlechterem Gelde ihre Schulden bezahlen wollten, — vielmehr ist nach dem Goldwährungsgesetze das gerade Gegentheil wahr, indem sie die minderwerthigen Anleihen der Vergangenheit nach dem vertheuerten Preissatze des Goldes verzinsen und tilgen sollen. Jedenfalls scheitert dieser und mancher andere Vorwurf an der einfachen Thatsache, daß ein Mann, wie der Direktor der Bank von England, H. Gibbs, an der Spitze der englischen Bimetallisten steht. In Deutschland würden Land und Leute sich des endlichen Sieges der Doppelwährung doppelt freuen können, wenn auch die oft wiederholte agrarische Zusicherung verwirklicht würde, daß dann von Getreidezöllen gar nicht mehr die Rede sein solle und daß man sich endlich begnügen werde mit den der Landwirthschaft schon zugewendeten Begünstigungen im Rübenzucker- und Branntweingesetze, welches letztere den 4000 Großbrennern eine Dotation von 36—40 Millionen Mark zugewendet hat. Alsdann würde man wohl auch auf das trotz des Widerspruchs und der Abmahnung des Staatssekretärs des Innern von Bötticher zum Schutze hoher Butterpreise gesetzlich ausgesprochenen Verbot verzichten, daß zur Kunstbutter ein beliebiger Zusatz von Naturbutter gegeben werde, um den minder Wohlhabenden den Gebrauch dieses wohlfeileren Surrogates zu verleiden.

Zur Bethätigung der vorbezeichneten allgemeinen Hülfsbereitwilligkeit sind ja auch längst Stimmen laut geworden, welche eine Steuerentlastung für die Landwirthschaft fordern, namentlich in Preußen, wo die staatliche Grundsteuer ohne Rücksicht auf die Verschuldung zunächst $11\frac{1}{2}\%$ des Katastral-Reinertrages beträgt und dann noch als Basis für unbegrenzte Kommunalzuschläge benutzt wird, als ob diese Grundsteuer einen Maßstab des Vermögens und der steuerlichen Leistungsfähigkeit bilden könnte. Sodann nimmt noch die staatliche Klassen- und Einkommensteuer weitere 2 bezw. 3% von demselben Bodeneinkommen mittels einer Doppelbesteuerung in Anspruch, die selbst im ultrafiskalischen Oesterreich nicht für zulässig erachtet wird. Eine nicht unerhebliche und gerechte Hülfe könnte der Landwirthschaft auch durch die vom

Herrn Reichskanzler längst in Aussicht gestellte, aber noch nicht verwirklichte Beseitigung jener Eisenbahn-Differenzialtarife gewährt werden, welche die Frachtkosten bei großen Entfernungen des Auslandes niedriger stellen, als bei kleineren Entfernungen im Inlande.

Auch auf anderen Gebieten wird es der landwirthschaftlichen Bevölkerung an gerechter Hülfe nicht fehlen, wenn nur die verbündeten Regierungen es ernstlich wollen, namentlich gegenüber dem Krebsschaden des Wuchers, der durch das bestehende fadenscheinige Wuchergesetz mit seinen kasuistischen Erfordernissen den Strafrichter lahmlegt und den Landmann nicht schützt. Gewiß soll die schon übertriebene Verschuldung von Grund und Boden nicht noch durch Erleichterung des ruinösen Credits vermehrt werden, wohl aber sollte man solche segensreiche Institute fördern und verallgemeinern, wie sie in der Hannoverschen Landescreditkasse bestehen, beziehungsweise in dem Creditsysteme von Raiffeisen, jenes wackeren Mannes, der ohne höhere Unterstützung so viel zur Rettung des Bauernstandes gethan, indem er die produktive Anlage der Darlehen sicher stellte. Hier würde durch bloße Unterstützung mittels des Staatscredites kosten- und gefahrlos viel geholfen werden können. Auf dem Vereinstage für Sozialpolitik vom Jahre 1884 haben auch mit Recht die Herren Dr. Miquél und Dr. Conrad darauf hingewiesen, wie leicht es sei, dem kleinen Landwirthe die Vortheile des Großbetriebs durch kommunale Anschaffung von Dresch- und Mähmaschinen zuzuwenden. Vielleicht könnte dasselbe bezüglich des Ankaufs mineralischer Düngmittel geschehen, nachdem Liebig die Kunst gelehrt hat, aus Steinen Brod zu schaffen.

Allein an derartigen gerechten und Allen zu Gute kommenden Hülfen geht die führende Partei der Agrarier achselzuckend vorüber, da sie sich stark genug zu fühlen scheint, die verbündeten Regierungen und den Reichstag zur immer weitergehenden Anspannung der Zollschraube zu bestimmen. Für das Publikum da draußen hat man ja die beruhigende Parole zur Hand, das Ausland oder der „russische Bauer" sei es, der den Deutschen Kornzoll zahlen müsse und werde, — und doch weiß und will man, daß durch den erhöhten Zoll die Lage der Grundbesitzer direkt verbessert werden soll, was nur vermittels der Vertheuerung des Getreides im Inlande geschehen kann. Andernfalls hätte ja auch die ganze agrarische Zollagitation unter Berufung auf den Nothstand der Landwirthe gar keinen Sinn.

Der Verfasser dieser Schrift erachtet es für geboten, zur Wahrung des richtigen Schutzzollsystems gegen Mißverständniß mit voller Entschiedenheit diesem sich selbst widersprechenden Doppelstandpunkte entgegenzutreten und zwar umsomehr, weil nach seiner Ueberzeugung die geforderte Kornzollerhöhung nur einem kleinen Bruchtheile der Landwirthe selber momentan Nutzen, dagegen eine neue, allgemeine und dauernde Kalamität über die ganze Nation bringen würde. Zu seiner persönlichen Deckung und zur thunlichsten Abwendung agrarischer Entrüstung wird es gut sein, sofort hinzuzufügen, daß er dabei keinen isolirten oder individuellen Standpunkt einnimmt, — daß vielmehr Männer wie Roscher, Schmoller, Conrad, von Stein, selbst Adolph Wagner u. A. im Wesentlichen dieselben Grundanschauungen bekennen, wenn sie auch im Einzelnen vorübergehende und mäßige Konzessionen für zulässig erachten. Insbesondere erklärt keiner unserer namhaftesten Vertreter der Volkswirthschaftslehre es für zulässig oder für möglich, die vorhandene landwirthschaftliche Kalamität als solche mittels der Zollschraube dauernd zu heben.

Hierbei ist ja vollkommen anzuerkennen, daß die Doktrin wegen ihres rationalistisch-generalisirenden Charakters niemals für sich allein konkrete Streitfragen der in Rede stehenden Art entscheiden kann, und daß namentlich die aktuelle Wirkung der Getreidezölle sich nicht mit absoluter Gewißheit vorher bestimmen läßt, weil mannichfache sekundäre Hemmnisse im wirthschaftlichen Leben jene Wirkung beeinflussen und abschwächen können. Allein nicht minder gewiß ist, wenn Dr. Conrad (Jahrbuch der Nationalökonomie Bd. III S. 270) hervorhebt, daß auch Eventualitäten eintreten können, durch welche der Zoll den Getreidepreis noch weit über die theoretisch zu erwartende Höhe hinaussteigert. Darum ist es eben geboten, zum klaren Bewußtsein zu bringen, welche Wirkung an sich und abgesehen von solchen zufälligen Einflüssen der Getreidezoll normalerweise ausübt, weil nur hiermit der allgemein zutreffende Maßstab für die Gesetzgebung gewonnen wird.

In dieser Beziehung muß nun mit voller Bestimmtheit behauptet werden, daß im Allgemeinen und abgesehen vom unbedeutenden Verkehr mit kommunikationsarmen Grenznachbarn, das Ausland nur dann den deutschen Getreidezoll ganz oder theilweise trägt, wenn die inländische Ernte wenigstens annähernd den inländischen Bedarf deckt oder bei allzugroßer Vertheuerung durch den Zoll im Inlande die Nothwendigkeit oder die Geneigtheit hervortritt, ganz oder theilweise auf ausländisches Getreide mittels stärkerer Beschränkung des Verbrauchs und Benutzung schlechter Surrogate zu verzichten. Ersteres ist aber bei uns nicht der Fall, denn Deutschland bedarf zur normalen Ernährung seiner Bevölkerung durchweg einer Einfuhr von 35—45 Millionen Centner Getreide. Im Jahre 1884 bedurfte es 53½, 1879 wegen Mißernte sogar 82 Millionen Centner. Es muß für diesen Bedarf zunächst den ausländischen Getreidepreis bezahlen, so wie er sich im Verhältniß von Angebot und Nachfrage aller exportirenden und importirenden Länder auf dem Weltmarkte in London herausstellt. Der nach Deutschland einführende Kaufmann muß alsdann an der Grenze zu diesem Weltmarktpreise noch den Zoll bezahlen und er kann und wird das selbstverständlich nur thun, wenn und weil er sicher ist, daß er das durch den Zoll und die Transportkosten vertheuerte Getreide in Deutschland noch immer mit Gewinn verkaufen wird, — andernfalls würde er zur Interdiction reif sein, eventl. wegen fahrlässigen Bankerotts verurtheilt werden. Dieser gewinnbringende Verkauf des nach Deutschland importirten Getreides ist aber ebenso gewiß nur möglich, wenn auch für alles in Deutschland selber produzirte Getreide der durch den Zoll und die Transportkosten erhöhte Weltmarktpreis gezahlt wird, während ohne jenen Zoll nur der niedrigere Weltmarktpreis maßgebend sein würde. Von agrarischer Seite wird nun gegen diese, jeder Zollagitation besonders unbequeme Konsequenz wegen ihres näher zu erörternden Zusammenhangs mit dem Brodpreise aufs Lebhafteste gestritten. Es wird mit Indignation gefragt, wie denn die durch den Zoll bewirkte Vertheuerung von etwa einem Fünftel unseres Getreideverbrauchs der gesammte deutsche Getreidevorrath sollte vertheuert werden können. Selbst der preußische Ministerialbericht über die landwirthschaftliche Verwaltung vom Jahre 1885 stellt sich wenigstens annähernd auf denselben agrarischen Standpunkt, indem er besagt: „Da nur ein Fünftel unseres Weizenkonsums durch Einfuhr aus dem Auslande gedeckt würde, so werde man nicht behaupten wollen, daß das mit Zoll belastete ein Fünftel jemals im Stande wäre, die Getreidepreise in Deutschland um mehr, als einen sehr geringen Theil des Zolles zu erhöhen." Also eine gewisse Preiserhöhung durch den Zoll wird doch auch im Ministerialberichte zugestanden, allein es muß in der That das hier als undenkbar Bezeichnete alles Ernstes behauptet und zugleich bemerkt werden, daß dies ganze Bestreiten nur ein recht befremdliches Mißverständniß der wirklichen Sachlage darstellt. Zur Berichtigung derselben genügt es, die anerkannte Thatsache festzuhalten, daß Deutschland nicht so viel Getreide produzirt, als es zur Volksernährung bedarf. In diesem Falle müßte nun in Ermangelung einer Zufuhr vom Auslande nach der Natur der Sache und nach der thatsächlichen Erfahrung der inländische Getreidepreis in noch weit rascherer Progression steigen, als das bestehende Getreidemanko, schließlich bis zu Hungerpreisen und Hungersnoth. Diese thatsächliche Erfahrung ist bekanntlich in dem sogen. King'schen Gesetze formulirt, welches beispielsweise besagt, daß bei einem Getreidemanko von 20 %, also einem Fünftel, wie es in Deutschland besteht, der Getreidepreis nicht bloß um 20 %, sondern um 80 % steigt. Diese unheilvolle Preissteigerung des inländischen Getreides wird eben nur durch die Einfuhr ausländischen Getreides zum Weltmarktpreise abgewendet, aber unter Zuschlag des deutschen Zolles. In der Wirklichkeit wird also das inländische Getreide durch jene Zufuhr von einem Fünftel zollpflichtigen Getreides in der That nicht vertheuert, sondern verwohlfeilert, wohl aber wird diese rettende Verwohlfeilung wieder um die Höhe des Zollbetrages vermindert, indem der inländische Getreidepreis um diesen Zollbetrag höher gehalten wird, als er ohne denselben kraft des ausländischen Weltmarktpreises bei uns stehen würde. Das ist die einfache, durch keine Dialektik zu erschütternde Sachlage.

Gleichwohl glaubt man die unbequemen Konsequenzen derselben durch die Behauptung widerlegen zu können, daß trotz aller Argumentationen nach Einführung und selbst nach Erhöhung des Kornzolles auf drei Mark das Getreide in Deutschland nicht theurer, sondern vielmehr wohlfeiler geworden sei. Auf diesen Einwand ist zunächst zu bemerken, daß die angeblich thatsächliche Behauptung nach Einführung des Roggenzolles von 1 M. im Jahre 1879 durch das statistische Jahrbuch für das Deutsche Reich, Jahrgang 1884 S. 127 nicht bestätigt, sondern direkt widerlegt wird, indem danach in den Jahren 1880 und 1881 der Inlandspreis nicht blos um den Zollsatz von 1 M., sondern noch etwas darüber hinaus gesteigert worden ist, wie das durch die mit der Verzollung verbundene Mühewaltung, sowie den Zeit- und Zinsverlust bedingt wird. Genau dasselbe ergiebt sich aus der graphischen Darstellung der Getreidepreise in dem bereits zitirten preußischen Ministerialbericht S. 18, sowie aus dem Jahrbuch für amtliche Statistik des preußischen Staates, V. Jahrg. S. 206.

Aehnliche Nachweise über Veränderungen des Preisstandes nach der Zollerhöhung vom Jahre 1885 sind dem Verfasser nicht bekannt geworden, allein dieselben haben auch kein entscheidendes Gewicht, weil sie nicht erkennen lassen, ob und inwieweit eine Preiserhöhung gerade durch den Zollsatz herbeigeführt worden ist. Denn dieser Getreidepreis wird in erster Linie durch den größeren oder geringeren Ernteertrag aller exportirenden Länder bestimmt, welcher für den Weltmarktpreis in London maßgebend ist. Die vorbezeichnete Preiserhöhung in den Jahren 1880 und 1881 kann also möglicher-Weise durch entsprechende Steigerung jenes Weltmarktpreises herbeigeführt sein und mit dem deutschen Zollsatze nichts zu schaffen haben. Eine volle Gewißheit bezüglich seiner Einwirkung auf den inländischen Getreidepreis ist nur durch dessen Vergleichung mit den gleichzeitigen Preisen des Zoll-Auslandes zu gewinnen, — und auch an diesem durchschlagenden Beweise für die entsprechende Preiserhöhung durch den Zollsatz fehlt es in keiner Weise. Die Vierteljahresschrift für Volkswirthschaft vom Jahre 1882 bringt nämlich im Band 19 S. 15 einen Aufsatz von Dr. Wiß, in welchem auf Grund statistischen Materials nachgewiesen ist, daß im Jahre 1879, also vor dem neuen Zolltarif, der russische Roggen in Berlin per Tonne um 1 M. wohlfeiler gewesen ist, als in Bremen, wo die höheren Transportkosten hinzukommen, — daß derselbe dagegen im Jahre 1880 in Berlin um 10,70 per Tonne, also noch um etwas mehr, als den Zollsatz, theurer war, als in Bremen, wo kein Zoll bestand. Ganz dasselbe ergiebt sich auch aus der Zusammenstellung des statistischen Amtes für die westlichen Provinzen, wonach der Roggenpreis in Köln nach dem Jahre 1879 durchweg um den Zollsatz höher stand, als in Rotterdam und Brüssel.

Derartiger statistischer Nachweise kann es indessen im Hinblick auf das unbestreitbare Getreidemanko in Deutschland gar nicht bedürfen, indem der importirende Getreidehändler nach der vorstehenden Ausführung zunächst den Weltmarktpreis bezahlen und dann noch den Einfuhrzoll an der deutschen Grenze hinzulegen muß. Es bedarf dieses statistischen Nachweises um so weniger, als die verbündeten Regierungen die preiserhöhende Wirkung des Zolles bei allen Waaren anerkannt haben, selbst bei denjenigen, die Deutschland selbst im Ueberfluß produzirt, aber exportiren kann. So heißt es in der Begründung der Rübenzucker-Vorlage vom Jahre 1885 ganz einfach), der Zuckerpreis in Deutschland werde durch den Weltmarktpreis bestimmt unter Zuschlag des Eingangszolles.

Diese Vertheuerung des Getreides ist denn auch bei Erhöhung des Zolles von 1 M. auf 3 M. im Jahre 1885 vom Herrn Reichskanzler selbst anerkannt und ausdrücklich als der Zweck der damaligen Vorlage bezeichnet worden. Er erklärte am 16. Februar 1885 im Reichstage, der höhere Zoll solle dem deutschen Landwirth höhere Getreidepreise sichern, und dies offizielle Zeugniß muß wenigstens genügen, einen Jeden, der wie der Verfasser, dasselbe behauptet, gegen den beliebten Vorwurf der Feindseligkeit gegen die Landwirthe oder gar gegen das deutsche Reich sicher zu stellen.

Um nun eine richtige Vorstellung von der relativen Höhe dieser Vertheuerung durch den Zoll zu erlangen, braucht man sich nur zu vergegenwärtigen, daß der Doppelzentner Roggen durchschnittlich 12 M. kostet, und daß für denselben dermalen schon ein Zoll von 3 Mark erhoben wird. Das macht also ein Viertel oder 25% jenes Preises, — gewiß ein sehr hoher, fast exorbitanter Zollsatz für das nothwendigste Lebensbedürfniß, der an sich schon vor jeder weiteren Erhöhung und der daraus hervorgehenden Vertheuerung bis zu 40, 50 und mehr Prozenten warnen sollte. Das Gesammtbild der schon bestehenden Lage ergiebt sich sodann in packendster Weise durch nähere Betrachtung der Quantitäten, welche bezüglich der vier Hauptgetreidearten, nämlich des Roggens, des Weizens, der Gerste und des Hafers zur Volksernährung nothwendig sind, sowie der Höhe der Vertheuerung, welche deßfalls durch den schon bestehenden Zollsatz von 3 M. herbeigeführt wird. Die Zeitschrift des Preußischen Statistischen Amtes Bd. 26 Jahrgang 1886 stellt auf S. 221 in der Tabelle 4 für das Deutsche Reich den Konsum dieser vier Hauptgetreidearten unter Weglassung der Hunderte folgendermaßen in Tonnen zu 1000 kg für das Jahr 1885 fest. Derselbe beträgt an Roggen 5,256,000, an Weizen 2,398,000, zusammen 7,654,000 Tonnen oder 76,540,000 Doppelzentner. Der darauf lastende Zoll beträgt 3 M. pro Doppelzentner und bewirkt daher nach den vorstehenden Ausführungen eine Gesammtvertheuerung im Betrage von 229,620,000 Mark. Der Konsum an Gerste beträgt danach 2,371,000, an Hafer 3,829,000, zusammen 6,200,000 Tonnen oder 62,000,000 Doppelzentner. Der darauf lastende Zoll von 1½ M. bewirkt eine Vertheuerung von 92,000,000 M., so daß dieselbe für die bezeichneten Hauptgetreidearten zusammen 321 Millionen Mark ausmacht. In dieser Beziehung mag aber sofort bemerkt werden, daß jene Vertheuerung als eine Vermögensbeschädigung nur für diejenige Getreidequantität in Betracht kommen kann, welche nicht von den Konsumenten selber produzirt worden ist, weil es wirthschaftlich gleichgültig, aber darum auch ohne Vortheil für die Landwirthe ist, ob das von ihnen selbst hergestellte und verbrauchte Quantum mit einem höheren oder niedrigeren Preissatze figurirt.

Der vorbezeichnete Konsum im deutschen Reiche wird nun dadurch ermöglicht, daß nach Ausweis einer andern Tabelle auf derselben Seite der amtlichen Zeitschrift die nachbezeichnete Anzahl von Tonnen des betreffenden Getreides im Jahre 1885 aus dem Auslande eingeführt worden ist: Roggen 769,000, Weizen 572,000 Tonnen, zusammen 1,341,000 Tonnen oder 13,410,000 Doppelzentner, die bei dem bestehenden Zollsatze von 3 M. eine Zolleinnahme von 40,230,000 M. darstellen. Sodann sind in demselben Jahre eingeführt worden 438,000 Tonnen Gerste und 218,000 Tonnen Hafer, zusammen 656,000 Tonnen oder 6,560,000 Doppelzentner, die bei dem bestehenden Zollsatze von 1½ M. eine Zolleinnahme von 9,860,000 M. darstellen, woraus sich eine Gesammtzolleinnahme von 50,090,000 M. für die bezeichneten vier Getreidearten ergiebt, denen die vorbezeichnete Gesammtvertheuerung von 321,000,000 M. gegenübersteht. Es dürfte übrigens auch des Schweißes der Edlen werth sein, zu untersuchen, ob nicht diese aus der Vertheuerung des Getreides hervorgehende Reichseinnahme von 50 Mill. M. in einem inneren Zusammenhange mit dem Niedergange der anderen Zolleinnahmen steht.

Analoge Wirkungen werden durch die bestehenden Zollsätze für die anderen landwirthschaftlichen Produkte, wie Mais, Hülsenfrüchte, Raps, Malz, Vieh u. s. w. ausgeübt, allein es wird überflüssig sein, dieselben hier speziell vorzuführen.

Die agrarischen Gegner erachten sich indessen auch dann nicht für geschlagen, wenn anerkannt werden muß, daß der Zoll nicht vom Auslande, sondern vom Inlande getragen wird, und daß derselbe die vorbezeichnete Vertheuerung des gesammten inländischen Getreidevorraths zur Folge hat. In diesem Falle heißt es dann schließlich zur Beseitigung des peinlichsten Einwandes, durch jene Erhöhung des Getreidepreises werde keineswegs auch das Brod vertheuert, worauf es doch allein ankomme. Denn, sagt man, der Brodpreis werde wesentlich durch die Manipulationen der Händler, Müller und Bäcker bestimmt, so daß erfahrungsmäßig nicht bloß an den verschiedenen Orten, sondern in derselben Stadt größere Verschiedenheiten des Brodpreises beständen, als durch die Getreidepreise angezeigt seien.

Diese Behauptung ist zwar in der Hauptsache falsch und unzutreffend, allein theilweise und bis zu einer bestimmten Grenze als richtig anzuerkennen. Sie beweist jedenfalls nur, daß das unbegrenzte Vertrauen der Manchestermänner auf die Alles beherrschende Macht der Konkurrenz auf dem Gebiete des Kleingewerbes und des Detailhandels eine Täuschung ist, und daß die schon vielfach in Deutschland hervorgetretene, im republikanischen Frankreich aber bereits in 898 großen Kommunen verwirklichte Forderung nach Wiederherstellung polizeilicher Brodtaxen und Brodkontrolen ernstlich erwogen werden sollte, wie das auch Schmoller fordert. Zu dem Zwecke müßte allerdings erst die Reichsgewerbeordnung vom 21. Juni 1869 abgeändert werden, indem dieselbe in § 72 polizeiliche Brodtaxen für unzulässig erklärt und in den §§ 73 und 74 nur gestattet, den Anschlag von Preis und Gewicht an den Bäckerläden polizeilich vorzuschreiben. Der Nutzen eines solchen Anschlags mag nicht bestritten werden, jedoch nur unter der Voraussetzung, daß die reelle Uebereinstimmung des Waarenangebots mit demselben sorgfältig überwacht wird, da er andernfalls nach den in München gemachten Erfahrungen den Täuschungen nicht vorbeugt.

Was sodann die beklagten Manipulationen der Händler und Bäcker anlangt, so ist denselben auch jetzt schon nicht ganz erfolglos durch Begründung von Konsum-Vereinen und Bäckereien theilweise entgegengewirkt, und dies sollte weiter geschehen, nachdem die hierdurch ermöglichte Ersparung durch die militärischen und anderen amtlichen wie privaten Bäckereien klar erwiesen ist. In welchem Maße sich zwischen dem Getreide- und dem Brodpreise die ungebührliche Gewinnbetheiligung der Macher wirklich einschiebt, das ergiebt zur Genüge die veröffentlichte Thatsache, daß in Berlin bez. in Wien die Bäcker den Detailverkäufern des Brodes einen Rabatt von 15 bez. 25% gewähren. Das tägliche Brod muß also, da der Bäcker selbst trotz dieses Rabatts noch Gewinn hat, weit über den natürlichen Preis hinaus bezahlt werden. Allein der hierauf gegründete Einwand gegen die Vertheuerung des Brodes durch den Zoll scheitert an der Frage, ob die Gegner denn glauben, daß diese Kunstleistungen auf dem Gebiete der Brodvertheuerung nach einer weiteren Vertheuerung des Getreides durch den Zoll aufhören oder nicht sogar in progressiver Gestalt entsprechend dem höheren Preise des Rohmaterials fortdauern werden. Letzteres ist wohl das Wahrscheinlichere, wenn es auch nicht immer der Zollerhöhung auf dem Fuße folgt. Denn zur Uebertragung einer jeden Bewegung bedarf es nicht bloß in der physischen Welt, sondern auch in der ökonomischen eines gewissen Zeitlaufes. Unter allen Umständen muß behauptet werden, daß der durch den Zoll erhöhte Getreidepreis ein wesentlich mitbestimmender Faktor für den Brodpreis ist und bleibt, — ebenso gewiß, wie der Preis des Leders für den der Schuhe. So wurde ja auch im Jahre 1879 sogar der armselige Eisenzoll von 50 Pf. per Doppelzentner seitens der Agrarier für eine Schädigung der landwirthschaftlichen Interessen erklärt, weil Pflugschar, Räder u. s. w. dadurch theurer werden müßten.

Und heute soll nicht bloß der bestehende Roggenzoll von 3 M., sondern jeder höhere Zoll einfach vom Auslande oder höchstens vom Bäcker getragen werden!? Diese veränderte Sprache bezüglich des Eisenzolls und des Getreidezolls dürfte doch über die zuläſſige Gemüthlichkeit hinausgehen und zugleich davor warnen, von einem bloßen Phantom der Brodvertheuerung zu reden, — und nun gar in den dermaligen sozialdemokratisch durchseuchten Zeitläufen. Hat doch selbst der Reichstagsabgeordnete Grad, der im Jahre 1885 für den Roggenzoll von 3 M. votirte, am 11. Februar erklärt, daß dadurch der Brodbedarf per Kopf und Jahr um 2—3 M. vertheuert werde, was schon bei diesem zu niedrigen Anschlage für die geſammte Nation eine neue Jahresbelastung bis zu 150 Millionen Mark ausmacht.

Von Anderen ist denn auch dies gefährliche Zugeständniß bestritten und zum Beweise des Gegentheils behauptet worden, daß das Brod auch nach Aufhebung der Mahlsteuer in Preußen nicht wohlfeiler geworden sei. Wenn dem wirklich ſo wäre, dann würde es immerhin nur eine kräftige Bestätigung der überall zu Tage tretenden Erscheinung sein, daß es weit schwerer hält, nach Beseitigung eines Vertheuerungsgrundes, namentlich einer Steuerlast, den Preis herunter zu bringen, als im umgekehrten Falle dessen Steigerung zu verhindern. Gegenüber dem unorganiſirten Publikum hat der nur zu gut organiſirte Ring der Bäcker und Schlächter beim Wegfall einer Steuer stets verschiedene Sperrkegel zur Hand, zunächst die Behauptung gegenüber den Kunden, daß andernfalls der Preis in die Höhe gegangen wäre, während jedes Vertheuerungsmoment der Waare möglichst rasch in Wirkſamkeit gesetzt wird. Allein schließlich macht sich die Wirkung der Steuerentlastung doch geltend, und wenn dies nicht überall gleichmäßig geschieht, dann trägt daran das Publikum selbst einen Theil der Schuld, indem es den sich überbietenden Luxus der Verkaufslokale, der zur Vertheuerung führen muß, durch seine Bevorzugung fördert. Die gegnerische Behauptung bezüglich der Mahlsteuer in Preußen wird auch durch die auf amtliche Nachweise gestützte und vom Professor Wagner als zuverlässig erklärte Schrift von Laspeyres direkt widerlegt. Jedenfalls hat die preußische Staatsregierung selbst die Aufhebung der Mahl= und Schlachtsteuer gerade damit begründet, die ärmeren Klassen seien durch dieselbe ungebührlich belastet, ihre Aufhebung solle und werde sie also entlasten Und heute wagt man, genau dieselbe Behauptung der Brodvertheuerung durch den Getreidezoll als Volksaufwiegelei zu bezeichnen, während auch noch im Jahre 1881 bei Berathung des preußischen Verwendungsgesetzes von der konservativen Seite die Abschaffung der untersten Klassensteuerstufen gerade damit begründet wurde, daß diese Stufen von der neuen indirekten Besteuerung des Zolltarifs von 1879 relativ mehr betroffen seien, als die anderen Klassensteuerstufen. Für diese Frage ist jedenfalls durchschlagend, daß nicht bloß die Finanzwissenschaft, sondern die Finanzpraxis aller Staaten die Zölle zu den indirekten Steuern zählt, die eben den Vorzug haben, daß sie ohne exekutorische Beitreibung im vertheuerten Preise der Waare von den Konsumenten bezahlt werden.

Wem aber das Alles noch nicht genügt, der muß sich doch schließlich vor der Thatsache beugen, daß unsere eigene Reichsgesetzgebung den bezeichneten agrarischen Widerspruch hinsichtlich der Waarenvertheuerung durch den Zoll in direktester Form zurückweist und widerlegt, indem sie bei der Wiederausfuhr von Mehl die Rückerstattung des entsprechenden Getreidezolls an den exportirenden inländischen Müller anordnet. Das wäre doch ein offenbarer Widersinn, wenn unsere Reichsgesetzgebung mit den Agrariern annähme, daß nicht dieser Müller bez. die importirte Waare, sondern der ausländische Verkäufer den deutschen Zoll getragen habe. Oder wie hätte man bei jener agrarischen Doktrin jemals dazu kommen können, ein Zollpräzipuum an stärker konsumirende Vereinsstaaten zu bewilligen?

Wenn dem Allen nun wirklich so ist, d. h. wenn durch den Getreidezoll das gesammte inländische Getreide und damit auch das im Gebet des Herrn feierlichst hervorgehobene tägliche

Brod entsprechend vertheuert wird, dann kann man zunächst nicht, wie bei der Pfeife des armen Mannes, mit leichtem Achselzucken vorübergehen, nachdem derselbe bereits im Salz und Schmalz, im Petroleum und Branntwein ausgiebigst belastet ist. Man kann nicht übersehen, daß derselbe 60 bis 80% seines Verdienstes für nothwendige Lebensmittel auszugeben hat und bei immer weiter fortschreitender Brodvertheuerung schließlich nicht bloß zum entsprechenden Schaden der Landwirthe auf jede Fleischnahrung verzichten, sondern zur bloßen Kartoffelnahrung übergehen müßte. Alsdann wäre zugleich das Gegentheil jeder gesunden Finanzpolitik durch die umgekehrte progressive Besteuerung verwirklicht, da eine Verbrauchssteuer auf die nothwendigsten Lebensbedürfnisse das kleine Einkommen, namentlich den Arbeitslohn absolut und relativ stärker trifft, als das größere Einkommen. Es mag desfalls nur noch daran erinnert werden, daß die ganze Regierungszeit Friedrichs des Großen der Sorge für wohlfeiles Brod zugewendet war, und daß er im Theuerungsjahre 1771 auf 1772 mit erheblichen Opfern durch seine Kornmagazine den Kornpreis im Lande auf 2 Thl. festgehalten hat, während er in Sachsen und Böhmen auf 5 Thl. stand. Die Sicherung der Volksernährung ist und bleibt aber für alle Zeiten eine der wichtigsten und verantwortlichsten Aufgaben im ganzen Staatsleben.

Allein mit all diesen Betrachtungen kann die Frage der Kornzollerhöhung noch nicht als erschöpft angesehen werden, vielmehr tritt schließlich noch die weitere Frage in den Vordergrund, welcher Vortheil denn der Landwirthschaft als solcher, beziehungsweise der leidenden landwirthschaftlichen Bevölkerung aus jener Vertheuerung erwächst, die bei dem Zollsatze von 3 M., bez. 1½ M. schon für die vier Hauptgetreidearten eine Belastung von 321 Millionen Mark für die Gesammtheit bildet, und bei jedem erhöhten Zolle sich entsprechend vermehren würde. In dieser Beziehung ist zunächst klar, daß jene allgemeine Vertheuerung keineswegs der gesammten landwirthschaftlichen Bevölkerung einen Geldvortheil bringen kann, sondern nur demjenigen Theile derselben, der mehr Getreide produzirt, als er für den eigenen Hausstand bedarf. Dagegen werden alle diejenigen Landwirthe, die weniger produziren, also zukaufen müssen, durch jene Vertheuerung direkt geschädigt, gleichviel ob sie ihr Getreide selbst verbacken oder erst verkaufen, und dann das vertheuerte Brod nebst ihrem Mehrbedarf wieder einkaufen. Nun bildet aber diese letzte Kategorie unbestreitbar die überwiegende Mehrheit, während die größeren Gutsbesitzer und die sog. Jahrbrodbauern nur eine kleine beneidete Minderheit darstellen. Die genaue Verhältnißzahl dieser beiden Kategorien ist wegen der Verschiedenheit der Bodenvertheilung und der Erträge schwer zu bestimmen, allein sie ist wenigstens für das Großherzogthum Baden durch die dortige Agrar-Enquete vom Jahre 1883, die durchweg, insbesondere auch von einem warmen Freunde der Getreidezölle, dem Direktor Kühn in Halle, als eine mustergültige bezeichnet wird, vollkommen klargestellt. Diese Enquete hat nämlich ergeben, daß im Großherzogthum Baden die Erhöhung des Kornzolls einen wirklichen Vortheil durchschnittlich erst bei Gütern von 15 Hekt., und im Hügel- und Bergland erst von 20 Hekt. gewähren würde. Dieser Vortheil würde hiernach bei den dort vorhandenen 222 700 landwirthschaftlichen Betrieben nur 7333 Betrieben, welche auch nur 27,4% des Gesammtareals bewirthschaften, zu Gute kommen. Die hieraus sich ergebende Ziffer von $3\frac{1}{3}$% würde nach jener Enquete noch auf 2% herabsinken, wenn man die Wirthschaften berücksichtigt, die vorzugsweise Weinbau treiben oder Handelspflanzen bauen. Also 97—98% dieser landwirthschaftlichen Betriebe, sowie die gesammte nicht landwirthschaftliche Bevölkerung würde im Großherzogthum Baden durch den Zoll geschädigt und einer Minderheit von 2—3% größerer Landwirthe tributpflichtig werden.

Die objektive Zuverlässigkeit dieser als mustergültig anerkannten Ermittelung kann auch in keiner Weise durch die 1885 im Reichstage gemachte Aeußerung eines Abgeordneten entkräftet werden, daß doch die badischen Kammern ihre Regierung ersucht hätten, auf die Erhöhung der Kornzölle hinzuwirken. Es ergiebt sich das sehr klar aus dem Inhalte der Schrift des badischen Ministerialraths Buchenberger: „Zur landwirthschaftlichen Frage", in welcher im Allgemeinen konstatirt wird, das Resultat dieser Enquete sei nicht so ungünstig ausgefallen, „wie es einseitigen Verfechtern agrarischer Sonderinteressen zur leichteren Durchführung ihrer Pläne vielleicht willkommen gewesen wäre." Bezüglich des betreffenden Beschlusses der badischen Kammern sagt er sodann, dieselben hätten sich für eine mäßige Erhöhung des damaligen Getreidezolles von 1 M. ausgesprochen und dabei habe es sich um die von der Reichsregierung beantragte Verdoppelung des Roggenzolls, nicht um die im Reichstage votirte Verdreifachung desselben gehandelt. Er fügt dann aber noch hinzu, daß die Kommission der zweiten Kammer, in welcher doch wohl die besonders kompetenten Beurtheiler vereinigt waren, in ihrer Mehrheit sich auch gegen jene bloße Verdoppelung des Roggenzolles erklärt haben. Gegenüber diesen Thatsachen und den Beschlüssen der Kammern dürfte vielleicht der Schluß zu ziehen sein, daß auch in Baden, wie anderswo, nicht alle Interessen gleichmäßig und wirksam vertreten sind. Man wird wohl auch mit der Annahme nicht fehl greifen, daß dasselbe bei den überwiegend aus größeren Grundbesitzern bestehenden landwirthschaftlichen Vereinen der Fall ist, von denen die bekannten Monstrepetitionen ausgehen.

Andererseits darf man aber auch nicht behaupten, daß es sich überall in deutschen Landen mit den landwirthschaftlichen Zuständen ebenso verhalte, wie in Baden, vielmehr muß anerkannt werden, daß die landwirthschaftlichen Verhältnisse in Preußen, namentlich in den Ostseeprovinzen, anders als in Baden gestaltet sind. Allein auch hier scheint nach dem vorliegenden Material nur eine verhältnißmäßig geringe quantitative Verschiedenheit hevorzutreten. Direkte Feststellungen liegen desfalls nicht vor, allein ein Mann von anerkannter Autorität, Professor Conrad in Halle, hat seine Ueberzeugung dahin ausgesprochen, daß in Norddeutschland nur ein Fünftel der sämmtlichen Landwirthe einen Vortheil von der Vertheuerung des

Getreides habe, — daß sie für ein Fünftel indifferent sei, dagegen für drei Fünftel aller Landwirthe direkten Schaden bringe, weil sie mehr Brod bedürfen, als sie Getreide produziren. Es wird dies auch in der die Erhöhung des Getreidezolls empfehlenden Schrift des landwirthschaftlichen Direktors Kühn nicht widerlegt, sondern eher bestätigt, indem er angiebt, daß erst bei einem immerhin nicht ganz kleinen Besitze von 2½ bis 3 ha 11 bis 20% der Ernte zum Verkauf verfügbar seien. Allein der autoritative Werth dieser Angabe wird erheblich durch die Thatsache erschüttert, daß auf derselben Seite 4 der eigene Getreideverbrauch per Kopf und Tag einmal zu 2,13 Pfund und dann zu nur 1,16 Pfund angegeben wird. Jedenfalls wird aber auch die angegebene Vertheuerung von einem Zehntel oder Fünftel des bescheidenen Getreideertrags von 2½ bis 3 ha dem Besitzer nicht sonderlich aufhelfen und am wenigsten mit der vorbezeichneten Belastung der Gesammtheit versöhnen.

Einen gewissen Anhalt bezüglich des Verhältnisses in Preußen gewährt übrigens die Begründung des preußischen Gesetzentwurfes vom 27. Dezember 1886 betr. die Unfallversicherung im landwirthschaftlichen Betriebe. Hier wird festgestellt, daß in Preußen 2,354,412 Landwirthschaftsbetriebe unter 5 ha bestehen und nur 681,784 über 5 ha. Die letzteren bilden also etwas mehr als ein Viertel der Gesammtheit. Wenn man demgegenüber dennoch behaupten will, daß die Verhältnisse der landwirthschaftlichen Bevölkerung in Preußen von den in Baden bestehenden so sehr abweichen, daß sie ein minder ungünstiges Urtheil über Nutzen und Schaden der Brodvertheuerung begründen, dann bedarf es hierzu jedenfalls einer gleich eingehenden Enquete.

Bezüglich des Herzogthums Gotha wird in einem Aufsatze der Vierteljahrsschrift für Volkswirthschaft Bd. 86 auf Grund statistischen Materials aus den Jahren 1864 und 1883 nachgewiesen, daß erst bei einem Gutsbesitz von 4½ ha der eigene Brodbedarf gedeckt werden kann, und daß ein solcher Besitz sich nur bei 17 bis 19% der landwirthschaftlichen Bevölkerung finde, während 83% Brod zukaufen müssen.

Im Allgemeinen ist es also wohl eine unbestreitbare, auch durch die Jahrbücher des statistischen Amtes erhärtete Thatsache, daß überall in Deutschland nur eine kleine Minderheit landwirthschaftlicher Betriebe mehr Getreide produzirt, als sie im Jahre bedarf. Wenn dem aber so ist, dann kann man unmöglich die stets wiederholte Behauptung aufrecht halten, daß es sich bei der Erhöhung der Kornzölle um die Erhaltung des Bauernstandes handele, es sei denn, daß man darunter nur die wenigen Großbauern verstehen will, die mehr Getreide produziren, als sie für sich bedürfen. Thut man das aber, dann ist ohne Weiteres der Kornzoll-Agitation die breite Basis entzogen, auf welche sie sich zur Erreichung eines Erfolges stellen muß. Als Fazit bleibt dann übrig, daß wenigstens der Effekt, wenn auch nicht die Absicht der Zollerhöhung auf die Begünstigung der größeren Grundbesitzer unter Belastung aller anderen Bevölkerungsklassen hinausläuft. Aber auch der landwirthschaftlichen Großkultur als solcher wird nicht einmal durch jenen Zoll geholfen, sondern nur dem augenblicklichen Besitzer, dessen Einnahme und Gutswerth damit steigt; jeder künftige Gutserwerber aber muß einen entsprechend höheren Kaufpreis zahlen, worauf dann die weitere Verschuldung folgt, wie dies auch der Freiherr von Vogelsang anerkannt hat. Der schließliche Erfolg der ganzen Operation ist dann der, daß die Grundrente immer mehr den Kapitalisten zufließt, und daß den minder verschuldeten Großgrundbesitzern aus dem Volkssäckel eine künstlich geschaffene Grundrente geleistet wird, — d. h. so lange ein derartiger monströser Stand der Dinge dauern kann, ohne mit dem unvermeidlichen Zusammenbruch dieses unnatürlichen Zustandes zu enden.

Damit zerfällt denn auch der letzte agrarische Trostgrund, daß selbst im Falle der wirklichen Brodvertheuerung die Gesammtheit dabei keinen Schaden leide, weil ein gut situirter Bauernstand der gesammten Industrie guten Verdienst sichere, kraft des gemüthlich wiederholten Spruches: Hat der Bauer Geld, so hat es alle Welt. Dieser Spruch ist ja im Allge-

meinen vollkommen richtig, allein er bezieht sich auf den Ernte=
segen, der vom Himmel fällt und als solcher wie mit seinem
Geldertrage direkt oder indirekt Allen zu Gute kommt. Hier
aber handelt es sich um Geld, das dem Städter erst abge=
nommen werden soll, um, wie man sagt, damit den Bauer
zum Vortheil des Städters kauffähig zu machen. Diese Kunst=
leistung scheitert indessen schon daran, daß nach dem Vorhergesagten
nur eine kleine Minderheit von Großbauern, keineswegs der
wirkliche massenhafte Bauernstand, durch die Brodvertheuerung
wohlhabender und kauffähiger wird, der Letztere vielmehr ebenso
wie alle übrigen Volksklassen durch die Vertheuerung an Kauf=
kraft verliert. Handel und Industrie können daher auch nicht
indirekt wieder gewinnen, was sie direkt durch Vertheuerung
des eigenen Brods, außerdem aber auch noch indirekt durch die
in freundliche Aussicht gestellte eventuelle Lohnerhöhung der
Arbeiter verlieren müssen, — ganz abgesehen davon, ob bei
einer solchen Lohnerhöhung noch die Konkurrenz unserer In=
dustrie mit der ausländischen bestanden werden kann, und zwar
auch dann noch, wenn die Getreideländer zur Retorsirung über=
gehen.

Zur theilweisen Abwendung dieser Eventualität ist im Hin=
blick auf die nothwendig gewordene, aber durch eine Kornzoll=
erhöhung erschwerte Erneuerung des österreichischen Handels=
vertrages vorgeschlagen worden, daß die Zollerhöhung nur gegen
den Russischen und Amerikanischen Getreideimport Platz greifen
solle, nicht aber gegen den Oesterreichischen. Allein ganz ab=
gesehen von der dadurch doppelt provozirten Gefahr der Re=
torsion Seitens dieser für unseren Handelsverkehr sehr wichtigen
Länder vergißt man bei jenem Vorschlage, daß jede Begünsti=
gung Oesterreichs wegen der Meistbegünstigungs=Verträge des=
selben mit Rumänien, Serbien, der Türkei, wie mit England
einschl. Indiens und Australiens trotz aller erforderten Ursprungs=
zeugnisse indirekt allen jenen Ländern ebenwohl zu Gute kommen
würde. In Oesterreich würde man nur das aus jenen Ländern
importirte Getreide zu konsumiren brauchen, um den ganzen

österreichischen Ernteertrag unter der betreffenden Zollbegünstigung nach Deutschland werfen zu können.

Unter allen Umständen wird es bei der Zollerhöhungsfrage geboten sein, nicht zu übersehen, daß schon jetzt in England das Brod 25% wohlfeiler ist, als im Deutschen Reiche, und daß diese Preisdifferenz bei jeder weiteren Zollerhöhung entsprechend vermehrt wird. Mit Recht hat ein Mann, wie Brentano schon die ernste Frage gestellt, ob denn Deutschland durch seine Zölle das theuerste Land der Erde werden solle.

Wenn dann noch zur Versöhnung mit der nicht zu bestreitenden Thatsache, daß nur die ohnehin besser gestellte Minderheit der Landwirthe aus der durch den Getreidezoll herbeigeführten Vertheuerung des Brodes Nutzen ziehe, darauf hingewiesen wird, daß der Wohlstand dieser größeren Grundbesitzer auch deren Arbeitern indirekt zu Gute komme, dann muß daran erinnert werden, daß alle Verhältnisse zu möglichst intensiver Wirthschaft mit Maschinenbetrieb hindrängen, mithin nicht eine Mehrbeschäftigung von Arbeitern in Aussicht steht, sondern das Gegentheil.

Die im Vorstehenden als nothwendige Folge jeder Kornzollerhöhung bezeichnete Vertheuerung des Getreides und des Brodes ist ja nun gegen die Erwartung, ja zur bitteren Enttäuschung Vieler glücklicherweise seit dem Jahre 1885 nicht in effektiver Gestalt eingetreten und wird möglicherweise auch bei einer weiteren Erhöhung nicht eintreten, weil und inwiefern der Weltmarktpreis entsprechend gesunken ist, oder weiter sinken kann. Die agrarischerseits erhoffte Hülfe durch Steigerung des landwirthschaftlichen Reinertrages ist darum auch nicht eingetreten, sondern es ist nur dessen weiterer Niedergang abgewendet worden, jedoch lediglich dadurch, daß der gesammten inländischen Konsumtion die größere Wohlfeilheit des ausländischen Getreides nicht zu Gute gekommen ist, weil dessen Preis um den Zollsatz erhöht wurde. Allein bei ernster Erwägung sollten nicht bloß die Verbündeten Regierungen, sondern auch die Agrarier sich zu diesem theilweise negativen Resultate Glück wünschen, weil eine positive Brodvertheuerung doch leicht trotz der vielbewährten

Gemüthlichkeit des deutschen Michels eine Unzufriedenheit hätte herbeiführen können, die um so gefährlicher geworden wäre, je geflissentlicher man alle Besorgnisse durch die Legende vom russischen Bauer eingelullt hatte.

Allein es kommt noch ein Anderes in Betracht. Die entsprechende effektive Brodvertheuerung muß und wird bei jedem Ernteausfall und gar bei einer Mißernte in den Getreide exportirenden Ländern durch Erhöhung des Weltmarktpreises in Verbindung mit der bestehenden hohen Zollabgabe unbedingt eintreten und kann ganz exorbitante Brodpreise herbeiführen. Alle Verhältnisse in Deutschland werden sich dann in gleich bedenklicher Weise gestalten, mag man nun den Zoll aufrecht erhalten oder beseitigen. Im ersten Falle wird es selbst ohne jede Aufreizung Seitens der grundsätzlichen Feinde der bestehenden Gesellschaftsordnung voraussichtlich zu einer Unzufriedenheit kommen, die leicht den Charakter der Wuth und der Verzweiflung mit ihren unabsehbaren Folgen annehmen kann. Im zweiten Falle wird der ohnehin sehr schwierigen Lage noch eine höchst bedenkliche Störung und Gefährdung des an Umfang und Bedeutung jeden anderen Handelszweig weit überragenden Getreidehandels, der die drohende Hungersnoth abwenden soll, hinzugefügt. Die Reichsgesetzgebung selber hat auch keine Vorkehr dafür getroffen, daß im rechten Augenblicke das Erforderliche geschehen kann, vielmehr muß zu dem Ende erst die Zustimmung des Reichstags erwirkt werden. Es bedarf übrigens nicht einmal solcher Mißernten, um ähnliche Katastrophen herbeizuführen. Schon im Jahre 1881 hatte sich bekanntlich eine für Deutschland gefahrdrohende Haussekoalition in New-York unter Aufspeicherung kolossaler Getreidemassen gebildet, die damals durch gesteigerten indischen Import nach Europa gesprengt worden ist.

Sollte trotz alledem die erstrebte Kornzollerhöhung durchgesetzt werden, dann darf man sich keiner Täuschung darüber hingeben, daß dieselbe auch ohne das Dazwischentreten von Hungerpreisen und Hungersnoth aus allgemeinen Gründen nicht auf die Dauer aufrecht erhalten werden kann, ebensowenig wie dies bei dem extremen Freihandelssysteme der Vergangenheit der Fall gewesen ist. Beim wirklichen Eintritte dieser Eventualität aber wird die dermalen nur bedrängte Lage der Gutsbesitzer geradezu eine unheilbare werden, nachdem einmal die Creditverhältnisse, das Wirthschaftssystem und die ganze Lebenshaltung dieser Gutsbesitzer sich nach dem künstlich geschaffenen Rentenstande gestaltet haben. Es kann nicht ausbleiben, daß erst die großen Güter, dann auch die kleineren, immer mehr in den Besitz der Geldmänner gelangen, und daß die Entvölkerung der Landdistrikte mit dem wachsenden Großgrundbesitz entsprechend fortschreitet. Auch für Deutschland kann einmal das Wort wahr werden: Latifundia perdiderunt Italiam, imo et provincias\*).

Um nach dieser trüben Perspektive zur Hauptfrage zurückzukehren, so darf zusätzlich die Anerkennung nicht unterdrückt werden, daß die vorstehenden Ausführungen nur bei dem Roggenzoll im vollen Maße zutreffen, weil es sich dabei um die Vertheuerung des nothwendigsten Lebensbedürfnisses für die große Mehrheit der Nation handelt. In gleichem Maße ist das bei dem Weizen nicht der Fall, da derselbe vorzugsweise den Bedürfnissen der wohlhabenderen Klassen und Provinzen dient. Trotzdem ist dermalen der Roggen bei dem gleichen Zollsatz höher belastet, als der Weizen, weil derselbe bei der Vermahlung einen größeren Abgang von Kleie erleidet. Schon aus diesem Grunde müßte zum Zwecke der inneren Gleichstellung des Zolltarifs der Roggenzoll nach dem kompetenten Urtheil von Professor Dr. Mucke (Deutschlands Getreide-Verkehr S. 502) auf 2,3 M. herabgesetzt werden. Es kommt noch hinzu, daß auch der Werth und der Preis des Weizenmehls ein höherer ist, als der des Roggens. Aus diesem Grunde und in weiterer Erwägung, daß der Weizenpreis durch die

---

\*) Aehnliche Ausführungen enthält das dem Verf. eben erst zugegangene Handbuch der politischen Oekonomie von Prof. Dr. Schönberg. Thl. III. S. 247 u. folg.

ausländische Konkurrenz am tiefsten herabgedrückt ist, haben auch die verbündeten Regierungen im Jahre 1885 für den Weizen einen Zoll von 3 M., dagegen für den Roggen nur einen Zoll von 2 M. beantragt. Wenn daher die erhoffte, aber im Hinblick auf die in maßgebenden Kreisen vielfach eingelebten Anschauungen keineswegs gesicherte Ablehnung der in Rede stehenden weiteren Zollerhöhung im Bundesrathe oder im Reichstage wirklich erfolgen sollte, dann muß es zugleich mit Rücksicht auf den damit zu Tage getretenen Umschwung der Stimmungen als geboten und als nicht hoffnungslos erscheinen, daß zugleich der bestehende Roggenzoll auf den von den verbündeten Regierungen selber beantragten Satz von 2 M. für den Doppelzentner herabgesetzt werde.

Das sind im Wesentlichen die Gesichtspunkte und Gründe, die es dem Verfasser nach loyaler Prüfung zur Pflicht machen, die Gemeinschädlichkeit der geforderten weiteren Kornzollerhöhung zu behaupten. Mancher wohlmeinende Leser, auch mancher politische Freund wird das Schriftchen voraussichtlich mit Mißfallen aus der Hand legen. Allein auch hier gilt das Wort: Amicus Plato, amicus Socrates, sed magis amica veritas, — und dies Wort schließt zugleich die Pflicht der Bereitwilligkeit ein, jeder Berichtigung eines Irrthums zugänglich zu sein. An warmer Sympathie und Opferwilligkeit für die Interessen der Landwirthschaft und der Landwirthe kann es auch keinem Vaterlandsfreunde fehlen, allein solche Opfer dürfen nicht zum ausschließlichen Vortheil der größeren Gutsbesitzer, dagegen zum Schaden der überwiegenden Mehrheit des kleinen Bauernstandes, sowie aller anderen Berufs- und Bevölkerungsklassen gefordert werden. Solche einseitige Begünstigung wäre nicht blos eine Ungerechtigkeit, sondern ein großer sozialpolitischer Fehler, der sich gerade in den gegenwärtigen Zeitläuften nur allzuleicht als ein verhängnißvoller erweisen könnte.

Möge der Bundesrath und der Reichstag auf die an ihn herantretende ernste Frage eine Antwort finden, die dem Reiche und der Nation zum Heile gereicht!